Economics of China Shock

Analysis of the U.S.-China Trade War

Hideo Ohashi

ショック

チャイナ

チャイナ・ショックの経済学

―米中貿易戦争の検証

大橋英夫

経済学

の

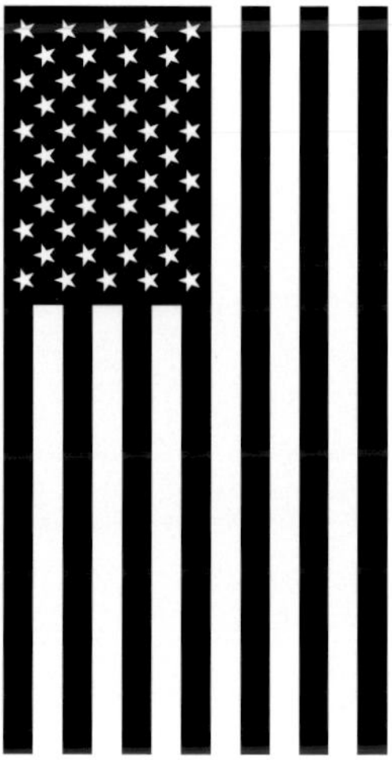

―米中貿易戦争の検証
―米中貿易戦争の検証
―米中貿易戦争の検証
―米中貿易戦争の検証
―米中貿易戦争の検証
―米中貿易戦争の検証

大橋英夫
大橋 英夫
大橋 英夫
大橋 英夫
大橋 英夫
大橋 英夫
大橋 英夫

勁草書房

目　　次

チャイナ・ショックの経済学

米中貿易戦争の検証

序　章　米中経済関係の構図

第1節　「米中貿易戦争」[1] の背景

戦後の米中経済関係は冷戦体制のもとで再始動したために，中国が改革開放に転じた後も，米国は輸出規制を慎重に緩和しつつ，その人権状況を厳格に監視しながら経済関係の拡大に努めた[2]（表序-1）。中国が輸出主導型成長の軌道に乗り，巨大市場の出現が見込めるようになると，米中経済関係はイデオロギー的な呪縛から脱し，「通常貿易関係」へと姿を変えた。中国の世界貿易機関（WTO）への加盟は，中国の対外開放にとってのみならず，戦後米中経済関係にとってもひとつの区切りをなす出来事となった[3]。

中国が対米輸出を梃子として急速な経済成長の道を歩み始めると，貿易不均衡の拡大，市場アクセスの改善，知的財産権の保護，過小評価された人民元など，貿易摩擦の緩和が米中関係全般における主要な争点となった。米国は中国との戦略対話（SED/S&ED）を重ねつつ，米国の価値観が強く反映された国際

1）「貿易戦争」（trade war）とは，保護主義に起因する経済紛争を意味し，単なるモノの取引にとどまらず，サービス取引から資本取引までを含むより広範な概念である。本書では，米国の通商法301条調査に基づく対中制裁措置，これに対する中国の対米報復措置の相互応酬を「貿易戦争」の主たる分析対象とする。

2）米国の1974年通商法（ジャクソン＝バニック条項）では，米国が非市場経済国に対して最恵国待遇（MFN）を供与するには，毎年「移民の自由」や人権状況を評価することが義務づけられていた。1989年の天安門事件後，米国では対中MFNの更新と中国の人権状況，大量破壊兵器の拡散，市場アクセスの改善などが関連づけられ，毎年激論が繰り返された。そのため米国が恒常的な「通常貿易関係」（PNTR：permanent normal trade relations）を認めることが，中国のWTO加盟の事実上の前提条件となった。

3）WTO加盟前後の米中経済関係については，大橋［1998］，［2007］，中国のWTO加盟については，大橋［2001］，中達［2011］などを参照。

表序-1　米中経済関係の構図

国際環境	問題領域	主要争点	主な対応・影響
冷戦構造	安全保障	輸出規制の緩和 天安門事件の制裁 最恵国待遇（MFN）の更新	「チャイナ・ディファレンシャル」（対ソ連戦略上の中国優先策） MFN の恒久化（PNTR）
関与政策	貿易不均衡 市場開放 非市場経済	貿易不均衡 市場アクセス 人民元の過小評価 アンチダンピング（AD） 知的財産権（IPR）	中国の WTO 加盟 中国の経済大国化（WTO の少数国会合メンバー入り） 米中戦略対話（SED/S&ED）
新大国関係（G2）	国家資本主義	国有企業・補助金 中国の対米投資 サイバー安全保障	TPP 型経済連携シナリオ 米中投資協定（BIT）交渉 自由貿易試験区の「実験」
競争関係 単独主義	グローバル・ガバナンス	知財・技術移転の強要・窃取 対中制裁措置	単独主義的通商政策 多角主義（WTO）の弱体化 サプライチェーンの再編

資料：著者作成。

社会に中国を受け入れて，中長期的に中国の政治経済体制の変化を促そうとする関与政策を追求した。しかし中国が経済大国として台頭し，改革開放の「総設計師」・鄧小平氏の遺訓である「韜光養晦」（才能を隠して，内に力を蓄える）の対外姿勢に修正を加え，自らの「核心的利益」を主張し，「中国の特色ある大国外交」を展開するようになると，米国は大国化した中国を国際秩序の形成や安全保障上の「競争相手」と認識し始め，米中関係はグローバルな覇権を争う大国間関係へと変容した。

中国は 2010 年には名目 GDP で日本を抜いて，米国に次ぐ世界第 2 位の経済大国となった。そして 2030 年前後には，米国を上回って世界最大の経済大国になることが見込まれている。オバマ政権期の米国は，環太平洋パートナーシップ協定（TPP）を構築することにより，中国の「国家資本主義」の異質性を明確化すると同時に，二国間投資協定（BIT）の交渉を通して，中国経済の市場化推進を求めた。しかし中国は TPP や BIT に呼応した市場化に踏み切ることなく，自由貿易試験区の設置といった部分的改革に終始し，権威主義的志向の強い習近平体制の確立へと舵を切った。

「米国第一」を唱え，グローバリズムや多角主義に批判的なトランプ政権が誕生すると，それまでの対中関与政策は否定され，米中経済関係は新たな段階を迎えた。ブッシュ（子）政権末期からオバマ政権の時期になると，世界の成長センター＝中国を重視して，経済摩擦の焦点であった貿易不均衡や人民元の過小評価をめぐる議論は，米中経済関係の構造的な変化もあり，もはや直接的な争点にはならなくなった。トランプ政権下では，2018 年 3 月発表の 1974 年通商法 301 条調査報告が示しているように，中国による米国の技術・知的財産の移転・取得のあり方が主要な争点となった。その背景には，米国とは異質な中国の「国家資本主義」，また戦後米国が構築してきたリベラルな国際規範・秩序と一線を画すかのような習近平政権の対外姿勢，さらにトランプ政権下において急激に悪化した米国の対中認識の変化がある。

政権成立前から対中強硬路線を主張してきたトランプ政権は，米中経済関係を「技術覇権」をめぐる安全保障を包摂した競争として捉え，制裁措置を発動して中国との対決に臨んだ。その結果，米中関係は，台頭する新興国と既存の覇権国との衝突＝「トゥキュディデスの罠」（Allison［2017］）が指摘されるほど，世界でもっとも重要でありながら，きわめて不安定な二国間関係を形成するにいたった。

第 2 節　課題と構成

米中経済関係は，相互依存を続けながらも，時として深刻な摩擦を引き起こし，世界経済に多大な影響を及ぼしてきた。2018 年に入ると，トランプ政権は中国による米国技術・知的財産の移転・窃取を理由として一連の対中制裁措置を発動した。これに対して，中国も報復措置を繰り返し発動した。この通商分野における米中両国の相互応酬を，本書では「貿易戦争」と呼ぶこととする。「貿易戦争」は米中両国のみならず，世界経済にも緊張と混迷をもたらした。そして米中両国は通商協議を繰り返すことにより，ようやく 2020 年 1 月に第一段階合意に達した。

本書では，トランプ政権の成立前後における米中経済関係の構造的変化を把握した後，相互制裁・報復の発動にいたった「貿易戦争」の主要な論点を検証し，今後の米中経済関係を展望するにあたっての含意を導出してみたい。

第１章では，激しい中国批判を通して大統領の座を射止めたトランプ政権の成立にいたる過程に着目している。米新大統領が就任とともに大統領選で強調した中国批判を封印する従来のパターンとは異なり，トランプ大統領は大統領就任後も中国批判を続けた。ただし，それが実行に移されたのは，内外の課題が一段落してからであった。内政的には，最大の選挙公約であった税制改革の実現後，外交的には，米朝首脳会談後であった。トランプ政権成立直後は，核・ミサイル開発で挑発を繰り返す北朝鮮への対応もあり，中国との協力関係を模索した形跡がみられた。しかし北朝鮮との直接ルートの開設に伴い，トランプ政権は大統領選の時期を彷彿させるような対中強硬路線に基づく対中通商政策を展開し始めた。

第２章では，中国からの輸入の増加と米国の労働市場の関係を，製造業就業者の雇用に焦点を当てた米国の先駆的な研究を通して考察している。米国における製造業就業者数の減少は，まず技術革新，次いで中国からの輸入急増に起因する。通常は貿易の利益のもとで部門間移動を伴いながら雇用調整がなされるはずであるが，中国製品の流入は大規模かつ急激であり，また製造業就業者の多くが技術革新に適合できないこともあり，中国製品と競合する一部産業の労働者・地域において失業が顕在化した。多くの先行研究では，貿易拡大が格差拡大をもたらすという深刻な問題提起がなされている。ここでは，2016 年の大統領選の焦点となったラストベルトのオハイオ州の事例を参照しながら考察がなされている。

第３章では，1990 年代から米中経済関係の大きな争点とされてきた貿易不均衡を検証している。日米貿易摩擦の沈静後，米国では拡大を続ける対中貿易赤字が通商分野における最大の争点となった。しかし中国側からみると，中国の対米黒字は，米国の通関統計が示すほど大きくない。中国を原産地とする香港経由の対米輸出が，貿易統計の不整合の主な原因となった。その後，グローバル・バリュー・チェーン（GVC）が米中間に確立されるに伴い，米中貿易収支は東アジアの生産ネットワークの最終工程を担う中国と，その最終市場である米国とのバランスを示す指標となり，米中貿易不均衡はいわば構造化した。「貿易戦争」の最中に中国が発表した米国の主張に対する反論は，以上の経緯を的確に指摘している。

第 4 章では，21 世紀に入り，「走出去」（対外進出）政策とともに本格化した中国の対米投資に焦点を当てている。当初は経済成長に不可欠な天然資源の確保を目的とする投資が多かった。しかし中国経済がイノベーション主導型の成長を志向し始めると，技術・知的財産，商標・ブランドといった戦略的資源の確保が対外投資の主要な目的となり，中国の対外投資先としてイノベーションに優位性をもつ米国に注目が集まるようになった。しかし「貿易戦争」に先立ち，中国の対米投資は安全保障，国有企業，政府補助金，裏口上場，透明性やディスクロージャーを求める米国の市場秩序などをめぐって軋轢を繰り返した。中国企業に対する対米投資規制強化の動きは，「貿易戦争」以前から始まっていたのである。

第 5 章では，通商法 301 条調査の焦点となった中国による米国技術・知的財産の移転・窃取の実態に迫っている。改革開放後続いた高成長の終焉を迎え，中国経済は高貯蓄・高投資に支えられた「粗放的発展」から，「技術進歩」に基づく「集約的発展」への転換を進めてきた。その初歩的な成果は，すでに研究開発（R&D）や特許出願にみられる。その鍵を握る技術・知的財産の取得のために，中国はあらゆる手段を行使してきた。サイバー利用の窃盗まがいの行為をはじめ，中国の技術移転促進策の根拠法も，技術と市場の交換，強制的ともいえる技術移転や技術情報の開示を通して，外資企業からの技術・知的財産の取得を進めてきた。「貿易戦争」は「技術覇権」をめぐる米中関係の前哨戦となった。

第 6 章では，「貿易戦争」の展開過程の確認作業がなされている。中国からの輸入品の急増に対して，トランプ政権は歴代政権とは異なり，アンチダンピング・相殺関税に加えて，セーフガード措置，国家安全保障の理由による輸入規制，さらに通商法 301 条調査を発動して対応した。これに対して中国も報復措置をとり，米中貿易摩擦は全面的な「貿易戦争」に進展した。ここでは 301 条調査に基づく追加関税をめぐる米中通商協議の経過に加えて，中国の米国技術・知的財産の移転・窃取の対応策である輸出管理と投資規制，中国企業のエンティティ・リストへの掲載，さらに中国人留学生の管理などの動きを整理し，米国の対中強硬策と米中通商協議の部分合意との関係を検証する。

第3節　米中経済関係とパンデミック

2020年1月の米中通商協議の第一段階合意が署名されるや否や，米中両国のみならず，世界各国・地域は新型コロナウィルス感染症（COVID-19）のパンデミックに見舞われた。その甚大な影響を受けて，各国・地域の経済は麻痺状態に陥り，経済成長がどれほど落ち込むのか，また経済危機はいつまで続くのか，いまだ予想がつかないほど，世界経済は重大な岐路に立たされた。米中関係では，通商協議の第一段階合意の成果が問われる前に，パンデミックへの対応が新たな対立軸となった。中国の新型コロナウィルスに対する初動のあり方や独善的な「マスク外交」，さらに威圧的かつ挑発的な「戦狼外交」の展開に加えて，すでに顕在化していた香港の民主化，中国少数民族の人権，南シナ海や係争地域をめぐる周辺諸国・地域との関係など，米中間に横たわる広範な争点が，パンデミックを契機に一気に火を噴き出した感がある。

新型コロナウィルス感染症による世界的なパンデミックは，たしかにわれわれの生活様式や働き方に劇的な変化をもたらした。しかし，それが今日の国際関係・世界経済にパラダイム転換を迫るような衝撃であるとはいい難い。現代国際関係・世界経済の基本的な趨勢は，次のように特徴づけられるからである。

第1に，戦後の国際秩序を構築した米国は，多国間レジームにおけるリーダーシップを放棄することにより，国際場裏でのプレゼンスを段階的に後退させている。そして時には，自らが構築した国際秩序とは相容れないような単独行動主義的な動きを強めている。

第2に，米国がグローバルなプレゼンスを後退させるに伴い，台頭著しい中国の影響力が相対的に強まっている。それは経済分野にとどまらず，中国の主張する「人類運命共同体」の構築に繋がる動きとして，「全球治理」，すなわちグローバル・ガバナンス全般に及びつつある。

第3に，2つの超大国・米中両国の不協和は増長を続けており，「トゥキュディデスの罠」の回避が主要な争点となるほどに米中対立の構図が鮮明となっている。

21世紀の最初の20年間を振り返っただけでも，国際関係・世界経済は何度かの危機・衝撃を経験してきた。たとえば，リーマンショック，「米中貿易戦争」，そしてパンデミックと続く世界的な危機・衝撃は，いずれも上述したような現代国際関係・世界経済の基本的な潮流を加速させる契機となった。またトランプ政権の誕生，大統領選に伴う政権交代や大幅な政策変更は，これをさらに増幅させる要因となっている。「米中貿易戦争」の検証は，パンデミック後の米中関係のみならず，現代国際関係・世界経済の基本的な趨勢を見極めるためにも欠かせない作業なのである。

第1章　トランプ政権の衝撃

第1節　トランプ候補の対中認識

1. 2016年の米大統領選挙

大統領選挙キャンペーン中からD.トランプ氏は,「米国第一」の通商政策を声高に唱え,「中国からの輸入に45%の関税を課す」といった激しい中国攻撃を繰り返した。2016年6月末に共和党の大統領候補指名を確実にしたトランプ氏は,「米国経済独立宣言」と題する演説を行い,まず対立候補となるH.クリントン元国務長官を厳しく批判した（Trump［2016］)。1997年以来,米国の人口は5,000万人も増加しているのに,製造業では3分の1の職が消失した。この「悲劇」の根源には,ビル&ヒラリー・クリントン夫妻が進めた2つの取り決めがあるとして,北米自由貿易協定（NAFTA）と中国の世界貿易機関（WTO）加盟を槍玉に挙げた。そして,オバマ施政下の誤った通商政策を直ちに是正し,職を取り戻すために,将来誕生するトランプ政権の通商政策として,7つの基本方針を掲げた（表1-1)。

この演説はペンシルバニア州モネッセン市のアルミソース社で行われたこともあり,トランプ氏は,G.ワシントンやA.ハミルトンらの「建国の父」たちの製造業を重視する言葉を巧みに引用し,また自らの主義・主張とは大きく異なるリベラル系のシンクタンク・経済政策研究所（EPI）の研究成果などを総動員して,貿易自由化・グローバル化を批判しつつ,米国の製造業の衰退を決定づけたのが急激に対米輸出を増加し続ける中国であるとの結論を導き出している。そして実際に,2018年に入ると,トランプ政権は満を持して表1-1の(7)に挙げた1974年通商法201条および301条,1962年通商拡大法232条に基

表 1-1　トランプ候補の通商政策

(1)環太平洋パートナーシップ協定（TPP）からの離脱。
(2)労働者のために戦うもっともタフで聡明な通商交渉担当者の任命。
(3)貿易協定の違反国の確定，あらゆる手段による不当行為の停止を商務長官に指示。
(4) NAFTA の再交渉，同協定 2205 条に基づく条約からの撤退意向の通告。
(5)中国の為替操作国認定を財務長官に指示，対抗措置の準備。
(6)中国の不公正な補助金の供与に関して，通商代表（USTR）と WTO への提訴。
(7)中国が不法行為を停止しない場合，1974 年通商法 201 条および 301 条，1962 年通商拡大法 232 条に基づく追加関税の適用など，大統領権限による合法的な救済措置の発動。

資料：Trump［2016］より作成。

づく制裁関税を実行に移すこととなる。

2. トランプ候補の選挙公約

トランプ氏の選挙戦で注目されたのが，対中強硬派の学者として知られる P. ナバロ氏の登用である[1]。ナバロ氏の政権入りの契機となったのが，彼の著作 *Death by China* である（Navarro and Autry［2011］）。ここでは，中国の WTO 加盟後，米国では 5 万 7,000 の工場が潰れ，2,500 万人の雇用が喪失したことが強調されている。ちなみに，この 2,500 万人という数字は，トランプ政権が目標とする雇用創出数の根拠でもある。中国製品が米国市場に大量に流入し，また米国企業が中国に生産拠点を移転させたために，米国の雇用に甚大な影響が出ている。中国は WTO 加盟に際して，公正な貿易を約束したのにもかかわらず，相変わらず狡猾な行為に走っているというのが彼の主張である。

そして「中国による米国の雇用破壊のための武器」として，(1)環境汚染の放置，(2)労働者の虐待，(3)為替操作，(4)知的財産権の侵害，(5)輸出補助金の 5 点を指摘し，それゆえに中国製品には競争力があるのだという論理が展開された。選挙期間中にトランプ候補が「中国製品に 45% の関税を課す」と掲げたのは，

---

1)　カリフォルニア大学アーバイン校の教授であったナバロ氏は，サンディエゴで 3 度立候補（1992 年市長選，1996 年下院議員選（民主党），2001 年市議会）し，いずれも落選している。その彼をトランプ氏が登用したことから，サンディエゴでは「悪名高い（notorious）・ナバロ」，「扇動者（provocateur）・ナバロ」がトランプ・チームに加わったとして大きな話題となった（"San Diego's Navarro odd addition to Trump team?" *San Diego Union-Tribune*, August 18, 2016）。

表1-2　選挙キャンペーン中におけるトランプ政権の政策目標

(1)成長：3.5%～4.0% の経済成長
(2)雇用：10 年間で 2,500 万人
(3)規制緩和
(4)減税：法人税立 35% →15%
(5)財政支出：国防（海軍 350 隻），メキシコ国境の壁，国内インフラ（1 兆ドル）
(6)エネルギー開発：石炭増産
(7)米国第一：TPP 脱退，NAFTA 再交渉
(8)貿易黒字の創出

資料：Navarro and Ross［2016］より作成。

やはり為替操作により人民元が 45% 過小評価されているというナバロ氏の主張に基づいている。いずれの指摘も，まさにひと昔以上前に米中間で交わされた論戦の主要な争点であるが，それが 2016 年の大統領選挙で急遽蘇ったわけである。

Death by China で注目されたナバロ氏は，大統領選挙キャンペーンでは，のちに商務長官となる W. ロス氏とともに，トランプ陣営の政策レポート（Navarro and Ross［2016］）を任され，トランプ政権の基本的な政策目標を策定することになった（表1-2）。

大統領選におけるトランプ候補の経済政策は，一見すると 1980 年代のレーガノミックスと似たところがある。しかしトランプ候補の政策レポートからは，レーガン政権が強調した「力と正義」，自由，民主，人権に基づく「米国の価値観」など，具体的な政策の背後にある理念や大義を見出すことはできない。それこそがトランプ政権の特徴なのかもしれないが，トランプ候補の政策レポートでは，貿易は deal，貿易赤字は loss と呼ばれ，輸出は「得」で輸入は「損」といった価値観に支配されている。

しかもこの政策レポートでは，下記の(1)式のように消費（C），投資（I），輸出（EX），輸入（IM）といった GDP の支出項目を挙げて，貿易赤字を減らせば GDP が増えるという奇妙な論理が展開されている。しかしならが，国民所得は(2)式のように消費（C）と貯蓄（S）の和でもあり，(1)式と(2)式から，経常収支は貯蓄・投資バランスとなる（＝(3)式）。しかも，これは事後的な均等関係を示すものであり，因果関係を意味するものではない。

図1-1　米中両国の貯蓄・投資バランス（対GDP比）

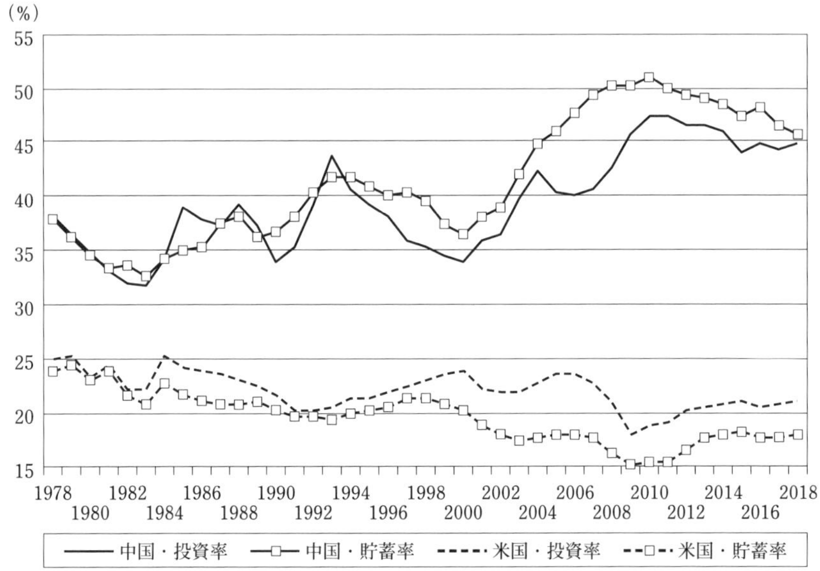

資料：『中国統計年鑑』各年版，U.S. Bureau of Economic Analysis より作成。

$$\mathrm{GDP}(Y)=\text{消費}(C)+\text{投資}(I)+\text{経常収支}(EX-IM) \qquad (1)$$

$$\mathrm{GDP}(Y)=\text{消費}(C)+\text{貯蓄}(S) \qquad (2)$$

$$\text{経常収支}(EX-IM)=\text{貯蓄}(S)-\text{投資}(I) \qquad (3)$$

米中両国の貯蓄・投資バランスをみると，中国は大幅な貯蓄超過（＝経常黒字），米国は大幅な貯蓄不足（＝経常赤字）である（図1-1）[2)]。したがって，米国の貿易赤字（経常赤字）は貿易相手国の不公正慣行や為替政策によって生じているのではなく，米国の貯蓄不足に起因していることになる。しかも一国の貿易不均衡は特定の二国間収支の是正により解決することは不可能である。貯蓄不足である限り，対中赤字が削減されたとしても，米国は中国以外からの輸

2)　図1-1は米中両国の貯蓄・投資率の対GDP比であり，中国よりも経済規模が大きな米国の貯蓄不足は，金額ベースでみると，もちろん中国の貯蓄超過をはるかに上回る規模となる。

入に依存せざるをえないからである。

ハーバード大学の経済学博士であるナバロ氏が，なぜこのような主張を展開したのかは不明ではあるが，恐らくこれこそ「扇動者・ナバロ」と呼ばれる理由なのであろう。このような一連の主張は，後述するように，2017 年 3 月に発表されたトランプ政権初の 2017 年の通商政策に反映されることになる（USTR［2017b］）。

3. 米新政権に対する中国の対応

大統領選挙キャンペーン中に激しい対中批判を展開して誕生した米新政権は，トランプ政権だけではない。これまで中国は，米大統領選のある 4 年ごとに，この面での「学習」を積み重ねてきており，その経験から次のような対応をとってきた（Miura and Weiss［2016］）。

第 1 に，「チャイナ・バッシング」は米国の政治家がプレイしやすいカードであり，選挙キャンペーンの内容に過度に神経質になる必要はない。

第 2 に，選挙キャンペーン中から従来の対中政策を踏襲する新大統領に対しては，現状維持型の政策をとればよい。

第 3 に，中国を激しく批判する大統領候補も，一旦大統領に選出されると，現実的な中国政策をとらざるをえなくなり，選挙キャンペーン中の公約は事実上棚上げにされる。

もっとも，トランプ候補に関しては，政治経験がない，詳細な政策綱領がない，共和党の外交政策サークルとの関係がないことから，従来のパターンでは理解しにくいとみられていた。そのため，中国としては，製品・産業分野の具体的な争点が挙がれば，WTO の紛争解決メカニズムに基づく交渉に委ねる，一方，選挙公約通りの極端な政策がとられた場合には，報復措置を含む厳しい対応をとる。このような常識的な対応が想定されていた。

第 2 節　トランプ政権の対外政策

1. トランプ政権の基本方針

米中両国は，安全保障から通商問題にいたるまで，きわめて複雑な大国間関係を形成している。同時に，米中関係は世界第1位と第2位の「経済大国」間関係でもある。激しい中国批判を繰り返してきたトランプ新政権の誕生により，米中経済関係は二国間関係にとどまらない衝撃を世界経済に与えることになった。

最大の衝撃は，多角的な自由貿易体制・WTO体制に対する対応である。無差別主義と多角主義を基本理念とするWTOの基本的な役割として，⑴貿易に関する国際ルールの策定，⑵貿易紛争の解決メカニズム，⑶多角的貿易交渉による貿易障壁の除去がある。

ところが，トランプ政権が2017年3月初めに発表した政権初の通商政策の基本方針は，⑴貿易政策に関する主権を守る，⑵米国の通商法を厳格に施行する，⑶外国市場の開放のための手段を講じる，⑷新たな，よりよい貿易ディール交渉を行うとしており，WTOの基本理念や基本的な役割とはおよそ相容れない内容であった（USTR［2017b］）。

これまでWTOに代表される通商分野は，国際法の実効性がもっとも担保されてきた分野である。たとえば，貿易紛争の解決では，パネル（小委員会）や上級委員会の勧告・裁定は広く尊重されてきた。ところが，トランプ政権が掲げる通商政策はWTO体制に対する根本的な挑戦であり，その実効性を毀損する契機にもなりかねない内容を含んでいた。

トランプ政権の通商政策の基本的性格が明らかになると，2017年4月7日に世界銀行，IMF，WTOの3つの国際機関が，貿易がいかに経済成長に寄与しうるかを主張する共同声明と論文を発表した（IMF et al.［2017］）。トランプ政権の誕生に伴い，その保護主義・単独行動主義的な動き，多角主義よりも二国間関係を優先する姿勢に対して，世界的に懸念が抱かれたのである。

一方，通商分野におけるトランプ政権のこのような方針を牽制し，これを対外戦略に巧みに利用しようとしたのが中国である。トランプ政権が成立した2017年1月のダボス会議において，習近平国家主席は「保護主義に断固反対する」，「貿易戦争は共倒れになる」との警告を発した。同時に，今後5年間に中国は8兆ドルの商品を輸入し，6,000億ドルの投資を受け入れ，7,500億ドルの海外投資を行うと内外にアピールを発した（『人民日報』2017年1月18日）。ちなみに，今後5年間の見通しであるが，2016年の輸入実績を5倍にすれば，ほぼこの数値となる。とはいえ，習近平主席の発言から，世界では，GATT/WTO体制の構築者であった米国が保護主義に傾斜する一方で，中国が自由貿易体制を擁護しているという国際世論が暫時醸成された。

トランプ政権誕生の衝撃は，他の多国間関係にも及んだ。2017年6月の気候変動に関するパリ条約からの離脱表明も，世界に多大な衝撃を与えた。米中両国主導のもとで，ようやく合意にたどり着いた国際的な枠組みであるが，中国に次ぐ世界第2位の温室効果排出国である米国の不参加により，早くもその先行きは不透明となった。また日本にも多大な衝撃を与えたのが，トランプ政権による環太平洋パートナーシップ協定（TPP）の離脱である。ポストTPP期のアジア太平洋協力はどこに向かうのか。米国抜きのTPPか，ASEAN中心の東アジア地域包括的経済連携（RCEP）か，それとも二国間FTAの組み合わせか。TPPメンバー間の温度差も大きく，高水準のFTAを目指すのか，それとも発展段階に基づくのか，貿易転換効果やスパゲッティボウル現象をいかに回避するのか，あたかもアジア太平洋協力をめぐる議論を振り出しに戻したかのような決定となった。TPP離脱は，NAFTAの再交渉とともに，トランプ政権の通商政策を象徴する動きとなった。

2. 対中通商政策の表明

2017年3月31日にトランプ大統領は大統領令を発し，米国の貿易赤字の原因を90日以内に分析するとの方針を明らかにした。例年春先は，米通商代表部（USTR）から一連の報告書が発表されるために，米中両国は経済摩擦の季節を迎えることになる。

まず年始早々に，中国がWTO加盟時の約束を遵守しているか否かをチェックするための「中国WTOコンプライアンス」報告書が発表される（USTR [2017a]）。3月初めには，その年の米国の通商政策の基本方針（Trade Policy Agenda）が示される（USTR [2017b]）。そして3月末には「外国貿易障壁に関する国家貿易見積り」（NTE：National Trade Estimate）報告書が発表される（USTR [2017c]）。これは1984年通商法で制度化された報告書であり，ある国の経済制度・商慣行が米国企業に対する貿易障壁となっていないかを国別に評価する制度である。かつては，ある国のある貿易障壁が米国企業に何千万ドルの損害を与えていると，具体的な数値を挙げて発表されていた。もちろん近年のNTE報告書では，中国に関する記述にもっとも多くのページが割かれている。同じ頃には，1988年包括通商競争力法で規定されたスペシャル301条調査報告書も発表される（USTR［2017d］）。これは知的財産権の侵害に対する調査，またそれに基づく報復措置の発動を是認する根拠となる。

4月に入ると，財務省から半期に一度の外国為替報告書が発表され，諸外国が為替操作を行っているか否かが判断される（U. S. Department of the Treasury［2017］）。さらに，同時期には，国務省の人権報告も発表される（U. S. Department of States［2017］）。1990年代には，中国の輸出産品が強制労働・受刑者の製品であるとか，計画出産や少数民族への対応などが，米国の中国に対する最恵国（MFN）待遇の更新と関連づけられて大きな問題となった。

いずれもレーガン政権以後，相互主義が主張され，攻撃的な単独行動主義が強調された頃に制度化された措置である。ここで指摘された通商問題が，安全保障上の争点と複雑に絡み合いながら通商摩擦に発展していくのが，これまでの米中経済関係にみられるパターンであった。ただ，トランプ政権の成立に先立つ数年間は，通商摩擦はさほど深刻化することなく，米中戦略経済対話(SED/S&ED)[3] でも，南シナ海やサイバー・セキュリティといった安全保障上の問題が主要な争点となっていた。

3. 米中首脳会談と「100日計画」

2017年4月に開催されたトランプ政権初の米中首脳会談は，新たな政権のもとでの米中経済関係を占う試金石になるものとして注目された。ところが，首脳会談当日に米国のシリアに対するミサイル攻撃が実施されるという異常事態のもとで，首脳会談では北朝鮮の核・ミサイル開発問題が主たる論点となった。トランプ政権は，北朝鮮の最大の後ろ盾である中国が北朝鮮に対する経済制裁の実効性を高めるとみていたために，懸案の米中通商問題は暫時後回しに

---

3)　ブッシュ政権期の2006〜2008年に合計5回にわたって北京とワシントンで開催された米中戦略経済対話（SED：strategic economic dialogue）に続き，オバマ政権期には戦略対話と経済対話の二本立ての米中戦略経済対話（S&ED：strategic and economic dialogue）が合計8ラウンド開催された。

表 1-3　米中「100 日計画」の初歩的成果

(1)中国は 7 月 16 日（米中首脳会談から 100 日目）までに，安全基準に達した米国産牛肉の輸入を開始（牛海綿状脳症を受け，2003 年から輸入停止）。
(2)米中両国は米国が輸入する中国産加工鶏肉の輸入を早期認可，米国は提案書を 7 月 16 日までに提出。
(3)中国国家生物安全委員会は 5 月末に会合を開催し，安全評価を申請中である米国のバイオテクノロジー製品 8 品目の科学的評価を実施。
(4)米国は他の FTA パートナーと同様に中国が産液化天然ガス（LNG）を輸入調達することを歓迎。
(5)中国は 7 月 16 日までに 100% 外資の信用格付け会社を認可。
(6)米国商品先物取引委員会（CFTC）は，米国規制適用の免除を延長。
(7)中国は 7 月 16 日までに米国の電子決済サービス（EPS）にライセンスを付与するうえで必要なガイドラインを提示し承認。
(8)米国規制当局は他の外銀と同じく，米国の法律に則った中国の銀行への監督規制の適用を維持。
(9)中国は 7 月 16 日までに債券引き受け・決済業務免許を米国の適格金融機関 2 社に発行。
(10)米国は「一帯一路」構想の重要性を認識し，同サミットに米国代表団を派遣。

資料：DOC［2017］より作成。

された。そのため米中首脳会談では，恐らくはトランプ大統領の就任に対する習近平国家主席の「手土産」として準備された中国側の譲歩案件が，「100 日計画」として順次発表されていくこととなった（表 1-3）。中国側の対米通商交渉に対する認識は，各論のレベルにとどまっていたといってよい。

4.「トランプ政策」の全面展開

2017 年 1 月の新政権の成立後，トランプ政権が次々と打ち出す施策は，たしかに選挙公約の実現を目指していたとはいえ，政策面での継続性を著しく欠いたものとなった。その通商政策も同様であり，環太平洋パートナーシップ協定（TPP）からの離脱や北米自由貿易協定（NAFTA）の見直しなど，トランプ政権下の通商政策は不確実性をさらに高めた。

トランプ政権が誕生した直後の米国では，大統領選で参謀役を務めた対中強硬派の P. ナバロ氏が新設の国家貿易会議（NTC）を担当し，W. ロス商務長官，R. ライトハイザー通商代表（USTR）とともに，トランプ政権の通商チームを率いることが予定されていた。ところが，トランプ政権が一旦成立し，政権運営の段階に入ると，上述した TPP からの離脱や NAFTA の見直しを表明したほかは，通商政策が積極的に取り上げられることはほとんどなかった。その後，

NTC は国家経済会議（NEC）内に再編され，ナバロ氏は通商製造政策局長（OTMP）にとどまる一方で，ゴールドマン・サックス出身の国際協調派であるG.コーン氏がNEC議長に就任した。クリントン政権で国家経済会議（NEC）が新設されたときにR.ルービン氏が果たしたような指導的役割を，ナバロ氏に期待することは所詮無理であった。またS.バノン大統領上級顧問のように，大統領選のキャンペーンで活躍した「イデオローグ」は，政権運営の段階に入ると，その地位を大幅に後退させ，バノン氏もホワイトハウスを去った。その後，北朝鮮の核・ミサイル開発問題での協力といった配慮からか，トランプ政権は大統領選のキャンペーンで繰り返し強調してきた中国の為替操作国の指定を見送るなど，それまでの対中強硬論を暫時封じるかのような態度をとり続けた。

ところが，2017 年末に最大の公約であった税制改革・減税法案をまとめ上げた頃から，トランプ政権は通商政策に対して新たな姿勢を示し始めた。しかも翌 2018 年には，大統領任期前半の「通信簿」ともいえる中間選挙が秋に予定されていた。税制改革で 1 兆 5,000 億ドルの減税が断行されるとなると，もうひとつの重要な選挙公約であるインフラ整備のための資金調達はまったく目途がたたなくなる。しかも民主党による「ロシア疑惑」の追及に直面する大統領としては，やはり上下両院での共和党の数的優位を維持していく必要がある。トランプ大統領はその「岩盤」支持層に対する選挙公約の実現を訴えるかのように，新たな通商政策を打ちだす準備に入った。

ちょうどこの頃から，トランプ政権らしい施策が続々と打ち出されるようになった。駐イスラエル米国大使館のエルサレムへの移転，イラン核合意の破棄，そして米朝首脳会談など，従来の政策や慣行にとらわれないトランプ政権の独自色の強い施策が相次いで打ち出された。なかでも米朝首脳会談の実現により，北朝鮮との直接対話が可能になると，トランプ政権は対北朝鮮関係とは独立して，対中政策を展開することが可能となった。

このような変化に対して，2018 年 3 月に，コーン NEC 議長が「米国第一」の保護主義的な政策に抗議して辞任，またR.ティラーソン国務長官，H.マクマスター国家安全保障担当補佐官が解任された。トランプ大統領は，それぞれの後任としてL.クドロー，M.ポンペイオ，J.ボルトンといった保守派論客・

実務家をあてた。同時に，ナバロ氏の大統領補佐官への昇格が伝えられるなど，通商分野における同氏の影響力が再度強まった（*Wall Street Journal*, February 25, 2018）。通商政策をめぐって，ホワイトハウス内のパワーバランスにも重大な変化が生じたのである。こうして2018年に入ると，米中関係における「トランプ政策」が全面展開したのである。

第3節　トランプ政権の新たな対中政策

1. 中国の変容

大統領選挙キャンペーンの時期から，トランプ候補は中国との対決姿勢を鮮明にしていたが，2017年の大統領就任直後は北朝鮮の核・ミサイル問題への対応もあり，選挙公約であった中国の為替操作国認定を見送るなど，かなり慎重な対中政策が展開された。しかし，同年10月の中国共産党第19回大会の習近平報告は，トランプ政権の対中政策に大幅な修正を迫る内容となった（『新華社』2017年10月27日）。習近平報告では，「南中国海島礁の建設」が過去5年間の成果のひとつに掲げられた。また「新時代に入った中国の特色ある社会主義」は，「発展の加速だけでなく自らの独立性の維持も望む国々と民族に全く新しい選択肢を提供」するものと提起された。これは民主主義・資本主義の価値観に必ずしも基づかない中国型の独自発展モデルの提案となった。そして「中華民族の偉大な復興」のために，第1段階（2020～2035年）には，「小康社会」の全面的完成を土台に，さらに15年奮闘して，社会主義現代化を基本的に実現し，第2段階（2035年～今世紀中葉）には，現代化の基本的実現を土台に，さらに15年奮闘して，中国を富強・民主・文明・調和の美しい社会主義現代化強国に築き上げるとのシナリオが提示された。

2. 新たな国家安全保障戦略

習近平報告に対するトランプ政権の回答が，2017年12月に発表された同政権初の「国家安全保障戦略」（NSS）である（White House［2017］）。

NSSでは，(1)ホームランド・セキュリティ，(2)米国の繁栄の促進・支援，(3)力を通した平和に基づく世界秩序の維持，(4)米国の影響力の拡大が重点項目として掲げられた。また(1)ロシアと中国＝「修正主義勢力」(revisionist power)，(2)北朝鮮とイラン＝「ならず者国家」(rogue regime)，(3)多国籍脅威組織（ジハード主義テロリスト集団）は米国と同盟国の脅威とされ，中国は「競争相手」として位置づけられた。そして中国は，米国の価値観や利益に反した世界の形成を目指しており，国家主導型の経済モデルの範囲を拡大して，インド太平洋地域の再編を狙っている。しかも中国は空前の規模でデータを収集し，権威主義体制を強化している。同時に，中国は米国に次ぐ世界でもっとも有能で資金の豊富な軍隊を建設中であり，中国の軍近代化と経済成長の一部は，米国のワールド・クラスの大学を含む米国のイノベーション経済へのアクセスによるものであるという。これは冷戦終結後における米国の公式見解としては，もっとも厳しい中国（およびロシア）評価となった。

同時に，NSSでは，過去数十年，中国を自由化するという信念に基づき，米国は中国の台頭と戦後の国際秩序への統合を支援してきたにもかかわらず，中国を好意的で信頼できるパートナーに変えるという前提はほとんど誤りであったと断言し，歴代米国政権による対中関与政策との決別を宣言した。

3. 新たな通商政策

2018年3月に入ると，トランプ政権の新年度の通商政策の基本方針が発表され，次の5点が協調された（USTR [2018b]）。

第1に，国家安全保障の支援については，中国やロシアの敵対的な政策から米国の国益を守るという点では，上記NSSと相通じる主張となっている。またそのために，公正な市場競争を毀損することなく利用できるすべてのツールを行使することが表明された。

第2に，米国経済の強化については，就任初年度の経済政策を自画自賛する内容となった。すなわち，減税雇用法案（TCJA）により，法人税を35%から21%に引き下げたこと，22の規制撤廃により81億ドルの費用を削減したことが強調された。

第3に，米国民に有意義な貿易取引の交渉については，北米自由貿易協定(NAFTA)，米韓自由貿易協定（KORUS)，英国との貿易投資交渉への取り組みが示された。

第4に，米国通商法の積極的な行使については，後述する通商法301条，201条，232条の発動が宣言された。それは，第5の多角的貿易体制の強化で言明されているように，今日のWTOは米国の利益を損ねているという認識に基づいている。

総じていえば，トランプ政権の初年度にも言及された内容ではあるが，いよいよ「トランプ政策」らしい通商政策が展開される段階を迎えたといえよう。いずれも「米国第一」の観点から打ち出された単独行動主義的な指針であり，保護主義的な色彩もきわめて濃い内容となっている。ここでは，現在の米国経済がITCをはじめとするニューエコノミーに大きく依存していること，またグローバリゼーションが米国経済，消費者・企業に多大な恩恵をもたらしていることは，残念ながら，ほとんど考慮されてはいない内容となっている。

4. 新たな対中通商政策

対中通商政策では，中国がWTO加盟時の約束を遵守しているかを評価するUSTRの報告書が，例年通り2018年1月に発表された（USTR [2018a]）。この報告書によると，WTO加盟に際して，中国は開放性，市場志向，無差別，市場アクセス，互恵性，公正，透明性などに特徴づけられる国際通商体制と相容れない国家主導型政策・慣行を改めると約束した。しかしその約束はいまだ実現されておらず，近年の政策・慣行はさらに市場原理から後退・逸脱しつつある。中国の国家統制色の強い政策は世界の資源配分を歪めており，WTOのルールで中国の市場歪曲的な行動を抑制することが困難であることも判明した。そこで米国は，中国の国家主導型モデルが国際競争を阻害する事態を防ぐために，利用可能なあらゆる手段を用いると警告し，不公正な貿易慣行への対抗策として，一方的な措置を講じる準備があることを表明した。

この報告書では，中国の通商政策に対する米国側の不満がかなり包括的に列挙されている（表1-4）。この報告書は例年ほぼ同じ構成となっているが，2018年の報告書では，例年と異なり，中国の「産業政策」への対応が最優先事項となっている。数ヵ月後に始まる「米中貿易戦争」の新たな焦点となる通商法301条調査でも明らかにされたように，米国は中国の産業高度化プランである「中国製造2025」やイノベーション政策にきわめて神経質な対応をみせ

表 1-4　中国の貿易政策・慣行に対する米国の優先事項

産業政策	サービス
・技術移転 ・「中国製造 2025」 ・自主創新 ・投資制限 ・ICT セキュリティ政策 ・補助金 ・過剰生産能力 ・輸出規制 ・付加価値税還付 ・再生製品の輸入規制 ・再生原料の輸入規制 ・標準 ・政府調達 ・貿易救済措置	・電子決済 ・劇場用映画 ・銀行サービス ・保険サービス ・証券・資産管理サービス ・電気通信サービス ・インターネット関連サービス ・映像音響サービス ・クーリエサービス ・法務サービス **農業** ・食肉 ・バイオ許認可 ・農業支援
知的財産	**透明性**
・トレードシークレット ・商標登録 ・医薬品 ・オンライン版権侵害 ・偽造品	・貿易関連法規の公表 ・通知・意見の手続き ・翻訳 **法的枠組** ・行政許認可 ・競争政策

資料：USTR［2018a］より作成。

ている。このあたりに，グローバルな技術覇権に対するトランプ政権の執着心を同時にみてとることができよう。いずれにせよ，この報告書では，(1)中国の不当・不公正・差別的な行為，(2)国家主導・重商主義的慣行が主要な標的とされている。そして，その解決手段として，(1) WTO の紛争解決メカニズムとともに，(2)米国の通商法の活用が掲げられていることから，この段階において，その後のトランプ政権の対中通商政策がすでに準備済みであったことがうかがえる。

中国の国家資本主義や市場歪曲的慣行に対する懸念は，米中戦略経済対話（SED/S&ED）を継続しつつ，二国間投資協定（BIT）交渉や環太平洋パートナーシップ協定（TPP）による中国関与に努めたオバマ政権二期において，すでに顕在化していた。2015 年 10 月に TPP 交渉の大筋合意がなされた際に，オバマ大統領は「中国のような国に世界経済のルールを書かせることはできない」と言明した（White House [2015]）。米国は，共産党独裁，恣意的な「法の支配」，産業政策，国有企業優遇・補助金，非関税障壁など，中国の国家資本主義や市場歪曲的慣行に対する警戒感を強めていた。トランプ政権の政策はABO（Anything But Obama），つまり「オバマ以外は何でも」のスタンスに基づき，オバマ政権の施策をことごとく否定してきたが，対中認識・政策に関しては，方法論の違いこそあれ，オバマ政権末期にやや近いところがある。

5. 米国の対中認識の変容

米国の中国に対する厳しい見方は通商分野にとどまらない。ハイテク産業をめぐっては，USTRというよりは，商務省がいわば当事者である。知的財産をめぐるスパイ活動に関しては，司法省も中国人産業スパイの摘発に努めている。上述したように，安全保障分野では国防総省の中国に対する姿勢はさらに厳しい。一方，議会では台湾・チベット問題に加えて，ウイグル・香港問題など，超党派での対応がとられている。このように米国の対中政策は全政府的アプローチ（the whole-of-the-government approach）となった（久保［2019］）。

こうした米国の中国に対する懸念が集約されたのが，2018年10月にハドソン研究所で行われたM.ペンス副大統領の中国版・「鉄のカーテン演説」[4)] と呼ばれる演説である[5)]。

ペンス副大統領は，まず，中国政府が，政治，経済，軍事，宣伝手段を用いて，米国に対する影響力を強め，米国の国内政策や政治活動に干渉しているとの認識を示し，歴代の米国政権は，経済的自由化が政治，私有財産，人権・宗教などの自由化に繋がることを期待して中国の改革開放を支援してきたが，その希望は達成されなかったと断言した。

経済面では，中国共産党は関税，割当，通貨操作，強制的な技術移転，知的

4）1946年3月のW.チャーチル元英首相の演説が米ソ冷戦の幕開けとなったように，ペンス演説は「米中新冷戦」を宣言したと譬えられることが多い。

5）ペンス演説のテキストは，White House [2018a]。なお，ペンス副大統領は1年後の2019年10月にも同様の演説を行った（White House [2019]）。1年前の演説と基本姿勢は変わらないものの，中国の人権問題，香港の民主化問題，さらには米国企業の活動にも言及しており，より強いトーンで中国を批判している。

財産の窃取，産業補助金など，自由で公正な貿易とは相容れない政策をとってきた。そして中国は，「中国製造2025」を通じて，世界最先端産業の90％を支配することを目指している。

安全保障面では，中国は米国を西太平洋から追い出し，米国の同盟国に対する支援を阻止しようとしている。実際に，2015年の首脳会談では，南シナ海を軍事化する意図がないと述べたにもかかわらず，南シナ海の人工島に着々と軍事基地を設けてきた。

さらに，「社会信用スコア」と呼ばれるG.オーウェルの『1984年』型の監視システムの導入，検閲強化とインターネット安全法の施行，ウイグル人に対する迫害，「一帯一路」構想の展開に伴う「借金の罠」外交の展開などを取り上げ，ペンス副大統領は，米国の利益，雇用，安全保障を守るために，断固とした行動をとることを約束した。

ペンス副大統領は，ティーパーティー運動にも参加するキリスト教右派（福音派）の共和党保守派の政治家である。この点を割り引いても，ペンス演説は米国が対中政策をリセットすることを内外に宣言する内容となった。

中国では2018年3月の全国人民代表大会において憲法改正がなされ，国家主席の任期撤廃が決議された。習近平国家主席への権力集中化に対する米国の回答として，ペンス副大統領の新たな「鉄のカーテン演説」が行われたのである。

同様に，議会でも，中国の人権と法の支配を監視する目的で2000年に超党派で設立された米国議会中国関係執行委員会の年次報告書は，「台頭する中国，より挑戦的な中国が世界の中心的地位を確立しようとしている姿を，われわれは目の当たりにしている。そのために中国は，開発，貿易，インターネット，さらには人権に関する新たな世界規範の構築を目指している」，そして「中国の権威主義は，われわれの自由，そして最も重要な価値観および国益に対する直接の脅威となっている」（CECC［2018］）との認識を示している[6)]。米国内では，民主党の労組，環境，人権派と共和党の伝統的安全保障派が，ともに中国

6)　米国の議会，地方自治体，中国人社会，大学，シンクタンク，メディア，企業，技術開発に対する中国の関与・工作については，Diamond and Schell eds.［2018］を参照。

図 1-2　米国人の中国認識

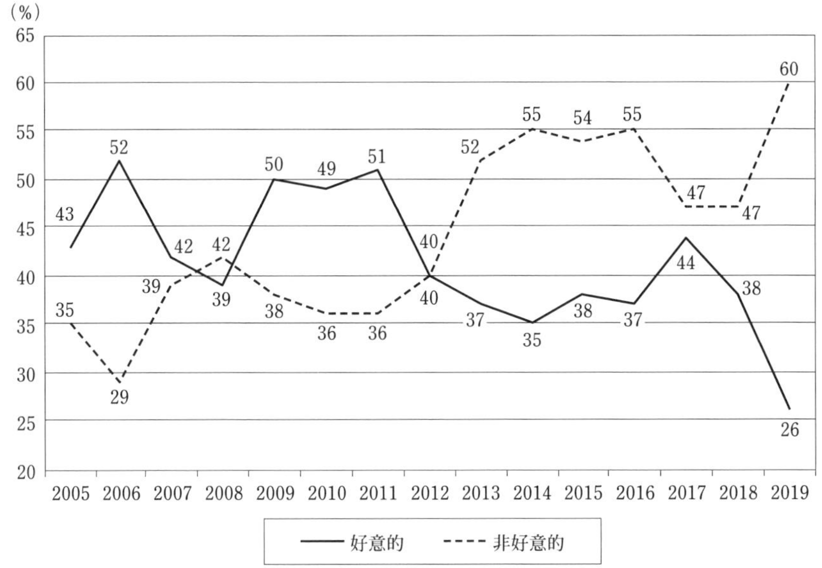

資料：Silver et al. [2019].

に対して厳しい姿勢を示すなど，やや複雑な超党派の組み合わせがみられる。対中関与維持派や対中ビジネス優先派の影響力は著しく低下し，いまや彼らの対中認識が米国の対中政策に反映される余地はほとんどなくなっている。

米国の中国に対する見方は非常に厳しくなっており，これは例年実施されているピューリサーチセンター（Pew Research Center）の世論調査をみても明らかである（図 1-2）。2019 年の調査結果は，「好意的」，「非好意的」ともに，調査が始められた 2005 年以来，最悪の結果となっている[7]。このような米国世論も，トランプ政権の対中政策の「追い風」となっているのである[8]。

---

7)　コロナウィルス発生後の 2020 年 3 月の調査では，「非好意的」が 66% と過去最高，「好意的」が前年に続き 26% と過去最低を記録した（Silver [2020]）。

8)　米国の対中認識の悪化に対して，2019 年 7 月，中国問題の識者 100 人が名を連ねたトランプ大統領・米国議員宛の公開書簡が発表された（Fravel et al. [2019]）。「中国は敵ではない」と題する「百人書簡」は，トランプ政権の対中認識・政策の問題点を的確に指摘している。しかし 100 人の多くが対中関与政策の当事者であったこともあり，「百人書簡」の主張が広範な支持を得ているとはいい難い。

第２章 「チャイナ・ショック」の経済学

第１節　輸入増加と雇用調整

1.「チャイナ・ショック」

1990年代の大統領選挙の頃から，米国では中国および時の政権の対中政策が常に大きな争点となってきた。しかし大統領選挙期間中に激しい中国批判を繰り返してきた候補者も，一旦政権に就くと，中国批判を控えるのが常であった。ところが，トランプ政権成立の前後を通して，米中経済関係は従来になく米国の政治過程に重大なインパクトを与え続けた。

2016年の大統領選挙でトランプ候補は，中国からの輸入増加によって米国の雇用が奪われているとの主張を繰り返した。1990～2000年代にかけて中国からの輸入増加が米国の労働市場に与えた影響については，米国の労働経済学者であるD.オーター（D. Autor）らがこれを「チャイナ・シンドローム」や「チャイナ・ショック」と呼び，産業・地域別にきわめて仔細な分析を発表してきた。ここでは，その興味深い研究成果を参照しつつ，トランプ政権の成立に繋がる中国製品の輸入増加と米国の労働市場の変容について考察しておこう[1]。

Autor et al.［2013a］,［2013b］,［2016a］によると，1990～2007年に米国の中国からの輸入拡大により，中国製品と競合する産業が立地する地域では，製造業雇用の減少，失業の増加，労働参加率の低下がみられた。しかも製造業の職

1）ここで紹介する一連の研究成果は，"The China Trade Shock: Studying the Impact of China's Rise on Workers, Firms, and Markets" ＜http://chinashock.info＞に掲載されている。

を失った労働者が，非製造業分野において，従来のような賃金水準が保障された職に就ける可能性は低く，結果として，賃金の低下のみならず，その地域では失業保険や貿易調整支援などの社会保障給付が急増したという。

それでは，中国製品の流入は米国製造業の雇用にどの程度影響したのであろうか。Acemoglu et al.［2016］によると，米国製造業の雇用減少の4分の1は中国からの輸入増加に起因し，その数は1999～2011年に200万～240万人に及ぶと推計される。また低・中所得の労働者層や労働組合との関係が深いリベラル系シンクタンクである経済政策研究所（EPI）のScott［2017］は，2001～2015年に全産業で344万人，うち製造業は256万人にのぼるとしている。

2. 「失業の輸出」

中国経済の驚異的な成長は，世界的な工業製品の供給に重大な影響を及ぼすと同時に，世界的な原材料の需要面でも多大な変動要因となった。この中国製品の輸入増加に最初に直面し，最大の衝撃を受けたのが米国市場である。1977～1997年を対象としたBernard et al.［2006］では，低賃金諸国からの輸入競争に直面した米国の製造業では，工場の撤退比率がきわめて高いこと，そのため輸入競争に直面した特定産業の工場では雇用調整が不可避となったことが実証されている。

輸入増加と雇用喪失，いわゆる「失業の輸出」は，日本でも日米経済摩擦の頃からさまざまな議論を呼んできた。たとえば，「先進国の雇用と途上国からの輸入拡大」を取り上げた平成6年度版『世界経済白書』（経済企画庁［1994］）では，次のような分析結果が示されている。

第1に，先進国の雇用減少と途上国からの輸入浸透度の上昇の間には，一部産業に有意な相関関係がみられるが，雇用への悪影響は先進国の地域・業種別にみて支配的な関係ではない。つまり，輸入浸透度の上昇により減少した雇用者数は，経済全体の失業者数に比べると一部分に限られる。

第2に，米国では，技能水準の低い未熟練労働者に相対的に多くの雇用減少がみられる。輸入増加のみならず，技術革新や教育水準の上昇を反映して，先進国の雇用需要が熟練労働者にシフトし，未熟練労働者の雇用を減少させている点が強調されている。

近年の貿易形態の多様化や経済データの利用可能性の拡大に伴い，「失業の輸出」の研究も精緻化している。たとえば，世界I/Oデータベースを用いたFeenstra and Sasahara［2017］によると，1995～2011年に米国の輸出拡大は製造業200万人，資源産業50万人，サービス業410万人の合計660万人の雇用を生み出した。サービス業の雇用の3分の1は製品輸出（製造業・資源）の中間需要によるものであり，製品輸出は370万人の雇用需要を生み出したことになる。一方，米国の中国製品の輸入増加は製造業140万人，サービス業60万人，合計200万人の雇用喪失をもたらした。ここから，この間の米国の輸出は差し引き170万人の雇用機会を生み出したことになる。

これらの分析では，一般に貿易の利益が強調されており，きわめて常識的な結論が導き出されている。ただ，「一部」とみられた労働者や地域であるとはいえ，その当事者や当該地域にとっては，中国製品の輸入拡大は想像以上に深刻な影響を及ぼしたのである。

3. 中国からの輸入品との競争

中国製品の輸入急増がもたらす衝撃は，もちろん産業・地域によって大きく異なる。これまでの先行研究では，貿易自由化に伴う「敗者」の出現，つまり2000年代の米国の労働市場において分極化がさらに進んだ原因として，貿易の拡大とともに，急激な技術進歩が取り上げられることが多い。たとえば，Hicks and Devaraj［2015］によると，2001～2010年の製造業の雇用喪失の88%は生産性の上昇に起因するという[2)]。一方，IT産業を対象としたNager［2017］のように，分析対象を特定の産業・地域に限定した研究では，米国の雇用喪失のかなりの部分は貿易圧力と米国の産業競争力の低下にあることが指摘されている。

Autor et al.［2013a］は，技術面でのインパクトは米国の労働市場全般に及ぶのに対して，貿易面でのインパクトはきわめて局地的であることを実証して

2)　ただし，この間，米国ではコンピュータ関連産業だけが突出して成長したために，生産性の大幅な上昇はややインフレ気味の指標に基づいている可能性は否定できない。Houseman［2018］が指摘するように，CPUの速度が倍増したからといって，労働者1人当たりのコンピュータ生産が倍増するわけではなく，しかもその多くは海外で生産されているのである。

図 2-1 中国製品の輸入の影響を受けた米国内の地域

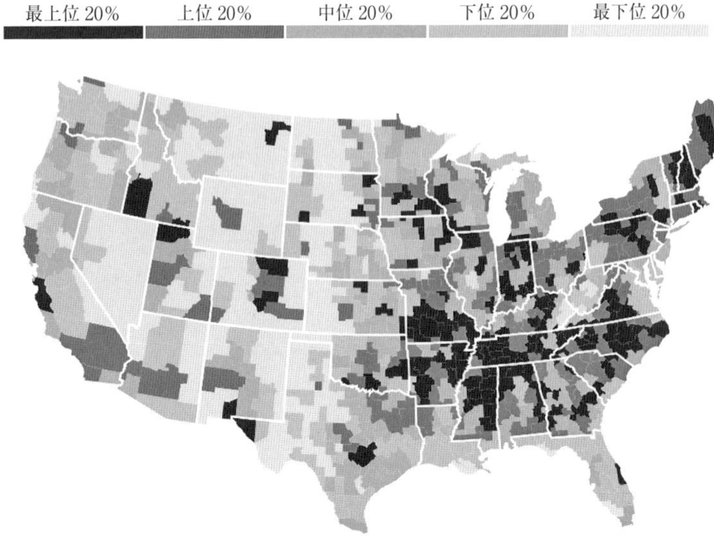

資料："The Parts of America Most Vulnerable to China" ＜http://chinashock.info/＞.

いる。貿易の便益は拡散的であるが，その負の影響は特定の地域や労働者の間で集中的に顕在化するのである。

また製造業の立地は特定の地域に集中する傾向があることから，輸入増大に伴う影響は地域によって相当異なる。Autor et al.［2013b］は，1991～2007年を対象として，コミューティング・ゾーン（CZ）[3] 別に，産業別の雇用集中度と中国からの主要な輸入品目とを照合して中国との競争への露出度を算出し，中国からの輸入競争が激しくなったCZの地理的分布を見事に描き出している。この間に，中国からの輸入競争に直面したCZは，製造業の雇用を大幅に喪失することとなった（図2-1）[4]。

---

3) CZ（Commuting Zones）は，人口・経済分析に使用される地理的区分であり，州，郡，または都市圏の公式の境界線によって設定されるのではなく，人々の実際の通勤・生活パターンに関するデータに基づき設定される。具体的には，少なくとも10万人の住民を含む連続した郡の集合体であり，その中心・周辺間は移動可能であり，大部分の人々がそこで働いている米国労働市場の地域的最小単位である。なお，米国のCZ数は，1980年764，1990年741，2000年709である（Economic Research Service［2019］）。

しかも，ある産業に対する負の影響は，産業連関を通して他の産業にも及ぶ。たとえば，アパレルや家具での輸入競争が激化すると，これらの川下産業は，繊維原料，木材，木工機械を提供する川上産業からの購入を減少させることになる。製造業の特性として川上・川下産業は地理的に近接して立地していることが多いために，貿易に起因する雇用の影響は産業連関を通して地域全体に広がることになる。また製造業中心の地域において，製造業の労働者が失業して所得が減少すると，家計の財・サービス支出が削減されるために，その影響は地域経済全体に広がる可能性がある。

輸入増加に伴う雇用喪失は，通常は他の比較優位産業への労働力の再配分により相殺されることが想定される。しかし中国からの輸入増加は急激かつ大規模であり，その影響を受けた製造業部門では，部門間の再配分や労働移動を通した雇用調整は必ずしも容易ではない。しかも労働者の転職や移動は多大な費用を伴う。また転職や移動を余儀なくされた労働者にとって，現在の米国の比較優位産業が求める技能の習得は必ずしも容易ではない。製造業で失職した労働者が，これまでとは異なる業種で職を得るには新たな知識や技能が求められる。残念ながら，彼らの多くはそのような知識や技能を欠いており，その知識や技能を新たに身に付けるには多大な費用と時間を要する。

製造業を失職した労働者の多くは，低学歴・低所得であり，輸入される中国製品と同じ労働集約的製造業に従事していることが多い。したがって彼らが転職できるのは，運輸，建設，小売といった非貿易サービスに限られてくる。製造業失業者のサービス労働市場への参入の結果として，サービス分野の賃金も下降圧力を受け，製造業の水準を下回るまでに低下することになる。このように製造業の失業問題は，非製造業にも多大な影響を及ぼす。そして彼らこそ「非ヒスパニック系白人・非熟練男性労働者」であり，2016年の大統領選挙では，トランプ陣営の「岩盤」支持層を形成したのである。

4)　1990年代後半から2000年代の欧州の事例研究でも，米国と同様の結果が示されていることはきわめて示唆的である。たとえば，北欧の事例を扱ったBalsvik et al.［2015］，Keller and Utar［2016］を参照。

第2節　「チャイナ・ショック」をめぐる政治力学

オーターらの分析は輸入増加と労働市場の変容にとどまらず，Autor et al. [2016b] では，労働市場の分析と選挙結果とを結び付ける試みがなされている。そこで得られた知見は次の通りである。中国からの輸入品との激しい競争に直面した選挙区（2002年と2010年の議会選挙）では，穏健派候補への支持が減少した。共和党優位の選挙区では，保守的な共和党候補が，また民主党優位の選挙区では，リベラルな民主党候補か，あるいは保守的な共和党候補が選出される傾向が強まった。結果として，白人が多数派を占める選挙区では保守的な共和党候補，一方，マイノリティが多数派の選挙区ではリベラルな民主党候補が選出され，中国産品の輸入増加は米国政治を二極化する要因になったという。

さらにオーターらの分析は大統領選挙の分析へと進む。Autor et al. [2016c] では，2000年と2016年の大統領選挙では，中国からの輸入の増加が共和党の得票に寄与したことが指摘されている。そして，仮に中国からの輸入の伸びが実際の半分程度であれば，激戦区であるミシガン，ウィスコンシン，ペンシルヴァニアで民主党候補は選挙人のマジョリティを握れたわけであり，クリントン候補が大統領選挙に勝利したであろうとのきわめて刺激的な結論が導かれている（表2-1）。

大統領選挙中のトランプ候補の経済政策文書（Navarro and Ross [2016]）では，米国製造業の凋落の根拠として，Pierce and Schott [2014][5)]となららんで，オーターらの分析も取り上げられている。そこでは，「チャイナ・ショック」にさらされた米国製造業では，失業率が上昇し，賃金と労働参加率が抑制され，労働者の生涯所得も削減されたことが指摘されている。オーターらの分析は，貿易拡大に伴う格差拡大という重大な問題を学界に提起すると同時に，その成果はトランプ候補の主張の支援材料として用いられたのである[6)]。

5)　Pierce and Schott [2014] も，2001年以後の米国における製造業就業者数の大幅な減少を，中国製品に対する輸入関税引き上げを排除した貿易政策（中国からの輸入品に対する最恵国待遇の恒久化）から説明している。

表 2-1　激戦区の仮想結果（共和党候補の得票数）

	現実の結果	中国からの輸入の伸び		
		10% 減	25% 減	50% 減
ジョージア	215,380	202,810	183,956	152,531
アリゾナ	84,904	77,860	67,295	49,685
ノースカロライナ	177,009	141,689	88,708	407
フロリダ	119,489	100,727	72,584	25,679
ペンシルバニア	73,324	52,630	21,739	−29,746
ウィスコンシン	24,081	11,067	−8,455	−40,991
ミシガン	13,107	−3,979	−29,608	−72,324
ニューハンプシャー	−2,687	−6,830	−13,045	−23,404
ミネソタ	−43,783	−54,009	−69,347	−94,911
トランプ選挙人	306	290	280	260
クリントン選挙人	232	248	258	278

資料：Autor et al. [2016c].

第 3 節　「チャイナ・ショック」の事例研究：オハイオ州

1.「アメリカン・ドリーム」の終焉

2016 年の米国では，かつて重工業や製造業で栄えた地域の荒廃，貧しい白人労働者の失業，貧困，離婚，家庭内暴力，ドラッグの蔓延といった悲惨な生活を描いた『ヒルビリー・エレジー』（ヴァンス [2017]）が，米国社会の分断と格差の深刻さを訴えてベストセラーとなった。ここでは，高等教育を受けなくても，誰もが家を持つことができ，バケーションを楽しめる「ミドルクラス」になりえた「アメリカン・ドリーム」が，今日の米国ではもはや期待できなくなったことが痛々しく描写されている。

同様に，『壁の向こうの住人たち』（ホックシールド [2018]）でも，真面目に働きさえすれば，いつかは「アメリカン・ドリーム」をかなえられると信じて，辛抱強く列に並んで待ち続けたのに，グローバル化や自動化により雇用が減少

6)　もっとも，トランプ政権の成立後，オーター自身は『ワシントンポスト』のインタビューで，トランプ政権は貿易をゼロサム的に捉えるなど重商主義的であり，貿易に対する考え方も陳腐で単純，その通商政策は間違っていると断言している（*Washington Post*, February 17, 2017）。

し，さらに次々と列に割り込む者が現れたという米国南部保守層の心象風景・「ディープストーリー」が描かれている。

2016年の大統領選挙では，トランプ候補が大方の予想を覆して見事に大統領の座を射止めた。その原動力となったのが「ラストベルト」（錆ついた工業地帯）の「非ヒスパニック系白人・非熟練男性労働者」である。プロの政治家ではないトランプ候補は，彼らが直面する問題を，彼らに理解しやすい言葉で説明し，「Make America great again!」を繰り返した。金融やITに代表される今日の米国の繁栄から取り残された労働者の不満，エリート層に対する敵愾心といった大衆心理を本能的に嗅ぎ取ったトランプ候補の見事な勝利であった。

2. 米国の縮図

大都会のニューヨークで富豪の家に生まれ，貧困や労働者階層と何ら接点のないトランプ氏が，なぜ彼らの熱烈な支持を得て大統領になりえたのか。この本質的な疑問に対するヒントとして，ここでは『ヒルビリー・エレジー』でも描かれたラストベルトの典型的な工業地帯であるオハイオ州の事例をみておこう[7]。オハイオ州立大学とカーネギー財団は，2016年の大統領選挙を左右した「ミドルクラス」の重要性に鑑み，「ミドルクラス」にとっての米国の対外政策，とくに通商政策の意義を考察する共同研究をAhmed ed.［2018］として発表している。地政学や安全保障のプリズムを通して世界情勢を観察してきた首都・ワシントンDCの代表的なシンクタンクが，ラストベルトの一地方に関心を示すこと自体が画期的な動きであり，それゆえに2016年の大統領選挙が米国社会に投げ掛けた衝撃がいかに重大なものであったかが理解できよう。

Ahmed ed.［2018］では，米国の家計所得の中間値の3分の2から2倍の階層を「ミドルクラス」と捉えている。そしてオハイオ州の家計所得は全国平均より約1割低く，1971年に61%あった中間層は2011年に51%に低下し，2016年には52%と下げ止まった。

そのオハイオ州は，ある意味で米国の縮図である（図2-2）。まずシンシナティやコロンバスはニューエコノミーを謳歌し，若年・高学歴の才能，世界的

7） 詳しくは，金成［2017］，［2019］の優れたルポを参照。

図2-2 オハイオ州

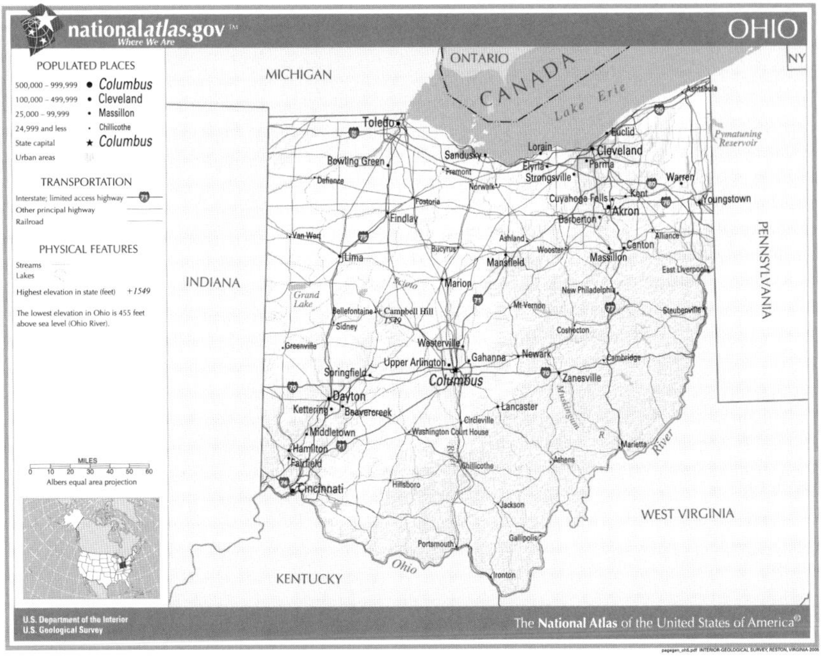

資料：U. S. Department of the Interior, The National Atlas of the United States of America (nationalatlas. gov).

な投資家を引き付けている。農業地帯は生産性の高い農家が多く，アグリビジネスも盛んであり，豊富なシェールガス資源を有する。しかも米国の安全保障にとって重要な軍事施設を抱えている。一方，内陸の工業都市はオートメーションの普及と輸入増加の動きに直面し，20 世紀の製造施設は荒廃し，あえていえば再建途上にある。しかしインフラの整備や労働者のスキルアップを導く資源・財源には大きな制約がある。そして政治的には，すべての党派が含まれており，1964 年以来，オハイオ州で勝利した大統領候補はすべてホワイトハウス入りをしており，大統領選挙の結果を左右する要衝となっている。

3.「ミドルクラス」の凋落

オハイオ州では 1950～1960 年代が「ミドルクラス」の黄金期であり，求職者は大学の学位を求められず，それ相応の賃金を手にすることができた。安全な地区の住宅を購入し，子供たちは地元の公立学校に通学した。企業の従業員はヘルスケアが受けられて，バケーションを過ごしつつ，老後の貯えができた。1950年代の雇用の半分が製造業であり，他の職業よりも5%～10%高い賃金を手にすることができた。しかも自動車，ゴム，鉄鋼の労働組合員は，さらに良い待遇を享受できた。核家族化，郊外化による自動車，耐久消費財の需要は根強く，政府の教育，インフラ投資の増加に伴い，生産性も着実に上昇した。ただし，当時は海外製品との競争は一切なかった。

ところが，オハイオ州の製造業就業者数が140万人のピークを迎えた1969年に，オハイオ州の1人当たり所得は全国平均を下回った。その後，オハイオ州の製造業は1970年と1973～1975年の不況に加えて，中東危機とベトナム戦争の影響，さらに日欧製品との競争が激化する時期を迎えた。1977年9月のヤングスタウンの鉄工所の閉鎖以後，レイオフの連鎖が起こり，1981～1982年の不況時には失業率も11%を超えた。1984年の大統領選挙では，民主党のモンデール候補がクリーブランドで「レーガン大統領の政策は中西部をラストボウルにしてしまう」とレーガン政権を批判した。この言葉が「ラストベルト」の起源となり，のちにメディアが繁栄を謳歌する「サンベルト」との対比から，「ラストボウル」を「ラストベルト」と呼ぶようになった。

その後，通商摩擦の回避策として，外資のオハイオ州への進出が始まり，日本のホンダが1万4,000人の雇用を創出した。一方，GMはその後1万人近く雇用を縮小し，この過程でクリーブランド，デイトン，マンスフィールドから自動車産業が姿を消した。

グローバル化の最初の波は，1994年に発効した北米自由貿易協定（NAFTA）の影響であった。一般にNAFTAについては，米国の農産物の輸出が増加し，製造業の競争力の上昇が見込めること，そして長期的には雇用が維持され，消費者も恩恵を得ることが強調されてきた。一方，NAFTA批判派によると，オハイオ州の雇用喪失は1994～2010年に製造業だけで3万4,900人にのぼり，他部門への転職により賃金も大幅に下落した（Scott［2003］）。NAFTAに対する否定的な認識は，LG，グッドイヤー，デルファイ，ハネウェルなど，オハイオ州にある一部有力企業の工場がメキシコに移転するという具体的な経験に根差している。しかし2000年代に入ってからの中国からの輸入増加と比べると，NAFTAに伴う調整の影響はまだ軽微であったといえよう。

4. 中国製品との競争

中国は2001年12月にWTOに加盟した。その後，米国への中国製品の流入は加速化し，製造業の中国への生産移転も増加した。これに加えて，オートメーションや技術革新の波が米国の製造業を襲った。同時に，中国市場へのアクセスの改善に伴い，輸出関連業務が増加したのも事実である。上記のAcemoglu et al.［2016］やScott［2017］は，いずれも州を単位とした研究ではない。また2000年代のオハイオ州の対中輸出の増加に伴い，数千人単位の高賃金職が誕生している（USCBC［2018］）。もちろん，中国からの輸入品の増加は，オハイオ州にとどまらず，米国の消費者に多大な利益をもたらした。

にもかかわらず，オハイオ州の製造業就業者数は，1970年の140万人から，2000年に100万人，2010年に62万人と急速に縮小した。ただし，Shkurti and Stewart［2018］によると，貿易は製造業の雇用喪失の3分の1を説明できるにすぎず，主たる要因としては，オートメーションの導入，他州との競争が指摘されている。中国製品との競争は，繊維，家具，アパレル，製紙など，労働集約的産業の雇用減少を説明できるが，幸いにして，これらの産業はオハイオ州では一般的でない。むしろオハイオ州の製造業就業者数の縮小に直結したのは，プラスチック，ゴム，半導体，電子，金属などの産業に導入されたオートメーションやロボットであった。

オハイオ州の製造業に決定的な打撃を与えたのは，やはり2007～2009年のリーマンショックであった。それはオートメーション，海外移転，輸入競争などの複合的要因によって説明せざるをえないが，2008～2010年にオハイオ州では製造業就業者15万人が影響を受け，製造業に依存してきた地区はさらに大きな打撃を被った[8)]。これまでと同様の技能のままで新たな職に就くことが

8）デイトン，トレド，ヤングスタウン，ウォーレンの自動車，スターク，バトラー，クリーブランドの鉄鋼，サミットカウンティのタイヤとゴム，モンローのアルミなどがその典型である。結果として，モンゴメリー，マリオン，リッチランド，トランブルの1人当たり所得は，2015年に全国平均を下回った。

できた労働者であっても，賃金の低下は不可避であった。多くのリストラ対象者は，さらに低技能の職，つまり低賃金の職に就くか，サービス分野への転職を迫られた。結局，誰でも通用する低技能サービスに求職者が集中し，同部門の賃金がさらに低下するという悪循環に陥ることとなった。

第4節　貿易利益と雇用調整

1. 貿易自由化の利益

経済のグローバル化は貿易自由化を促し，経済厚生の上昇をもたらす。たしかに中国経済は輸出を梃子に高成長を持続し，7億人を貧困から脱却させた[9]。一方，中国の輸出増加は輸入国の消費者物価を引き下げてきた。Amiti et al.［2017］によると，中国のWTO加盟の結果として，2000～2006年に米国消費者の工業製品に対する平均支出額は7.6%低下，つまり毎年1%低下を続けた。さらに米国企業が中国でのオフショア生産を本格化すれば，米国内労働者の生産性を高め，中間財の相対価格を引き下げることになる。

このように，グローバル化や国際貿易は国民経済全体に多大な利益をもたらす。しかしオーターらの分析は，輸入拡大がもたらす労働市場の分極化に焦点を当てており，これに伴う格差拡大を考慮に入れると，貿易自由化は厚生価値の低下を招いているのかもしれない[10]。貿易自由化の利益は個人レベルでは実感できるものではなく，しかもその利益は必ずしもすべての国民・地域に行き渡らないかもしれない。オーターらの分析は，貿易自由化による経済厚生の上昇を強調する一方で，貿易自由化による格差の拡大を軽視してきた経済学者への重要な警鐘となっていることは間違いない（田中［2016］）。

またオーターらの産業・地域別にみた仔細な労働市場の分析は，きわめて興味深い結果をもたらした。中国からの輸入急増に伴う雇用調整は，当然ながら地域的に相違がみられる。米国全体を対象とした捉え方と比べると，たとえば，オハイオ州を中心に分析した場合には，産業構造の相違を反映して，やはり異

9）　2015年11月の中央扶貧開発工作会議における習近平講話（『新華社』2015年11月28日）。
10）　実際にAntràs et al.［2016］は，1979～2007年の米国を対象にして，貿易自由化に伴う格差拡大を考慮に入れると，貿易利益の厚生価値は20%程度小さくなると指摘している。

なる結果が得られる。さらにオハイオ州に焦点を据えた分析でも，産業立地を反映して，州内各地区・都市によって異なる結果が導かれる。全国的には無視しうる軽微な影響であっても，特定の地域の経済には破壊的ともいえるダメージが集中的に表出することもありうる。しかもその反動は過剰に全国津々浦々に還元されることもある。2016 年の大統領選挙の結末は，このような反動といえるかもしれない。

2. 米国の雇用調整

中国の WTO 加盟後，中国からの輸入増加が，米国内の多くの地域の雇用に打撃を与えたことは間違いないとしても，中国ビジネスが米国に新たな雇用をもたらしたことも事実である。当然のことながら，中国における米中経済関係の研究では，この点を強調する研究が圧倒的である。たとえば，肖六億［2015］によると，2011 年第 1 四半期の米国の中国からの輸入額と非農業就業者数を基数とすると，米国の中国からの輸入 10 億ドルの増加に伴う雇用増加は 1.9 万人，米国の中国向け輸出 10 億ドルの増加に伴う雇用増加は 2.1 万人にのぼるとみられる。一方，中国の場合，中国の対米輸出 10 億ドルの増加では 100 万人以上の雇用増加，中国の対米輸入 10 億ドルでは最大 44 万人の雇用増加が見込まれている。米国内において中国ビジネスがもたらす新たな雇用規模と比べると，米中貿易から中国が得られる雇用創出は桁外れに大きい。いずれにせよ，米中経済関係を考察するに際しては，米国内において中国ビジネスが創出する雇用という視点もやはり不可欠であろう。

オーターらが分析対象とした中国の WTO 加盟後の一時期と比べると，米国の製造業雇用者数は明らかに回復傾向を示している（図 2-3）。中国からの輸入競争の厳しい部門でも雇用は増加に転じており，しかも中国からの輸入浸透率は上昇し続けていることから，中国の WTO 加盟に伴う米国の労働市場の調整はすでに一段落したことがうかがえる。

実際に，分析対象期間をさらに延長した Bloom et al.［2019］は，中国からの輸入品との競争が米国内の製造業部門の雇用減少をもたらしたとはみていない。まず人的資本の蓄積が相対的に乏しい地域（南部・中西部）では，工場の縮小・閉鎖により，製造業は雇用喪失を被った。しかし重厚な人的資本の蓄積

図2-3　米国の製造業就業者数と対中貿易赤字の推移

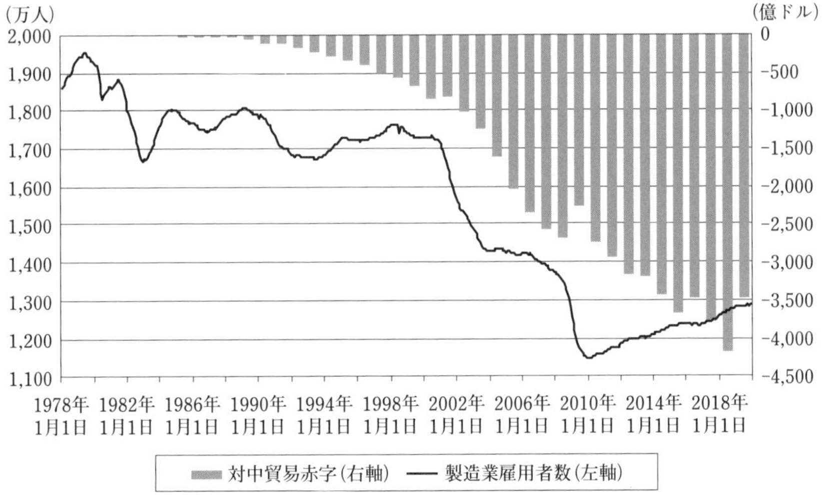

資料：Bureau of Labor Statistics［2019］より作成。

を有する地域（西海岸・ニューイングランド）では，製造業の雇用喪失は限定的であり，調査，管理，卸売などのサービス部門においてより大きな雇用創出がみられる。したがって中国製品との競争は，米国内の雇用を製造業からサービスへ，内陸地域から沿海地域に再配分した。また大規模多国籍企業は国外で製造業の雇用を拡大する一方で，米国内においてはサービス部門の雇用を増加させており，中国からの輸入増加による負の影響は必ずしも明確ではない。結局，2007年以後は中国からの輸入増加が米国内の雇用に及ぼした影響はほとんどみられないという。

このような雇用・経済環境のもとで，この後，トランプ政権が発動する対中貿易制限措置が米国の雇用情勢を改善するとはとうてい考えられない。また米国の通商強硬派が主張するような米中経済の「分断」（デカップリング）も，およそ現実的な対応とはいえないであろう。

第3章　米中貿易不均衡の構造化

第1節　米中経済関係の非対称性

1. 米中貿易収支不均衡の拡大

改革開放後，中国経済が対米輸出を梃子に高度成長の軌道に乗ると，米中関係では貿易不均衡に端を発する貿易摩擦がいわば常態化した。2018〜2019年には，米国のトランプ政権が相次いで対中制裁措置を打ち出し，これに対して中国が報復措置を講じることにより，米中貿易摩擦は「貿易戦争」の様相を呈した。

米中経済摩擦の根底には，長期にわたる貿易不均衡が存在する（図3-1）。「貿易戦争」が勃発した2018年には，米国の貿易赤字のほぼ半分を対中赤字が占めていた。しかし，米国が指摘する対中赤字と中国が発表する対米黒字の間には大きな差異がある。たとえば，2018年の米中両国の通関統計では，米国の対中赤字は4,192億ドル，一方，中国の対米黒字は3,233億ドルであり，両者の間には実に1,000億ドル近い開きがある。このように，米中経済関係の基準となる貿易統計の差異により，経済摩擦はさらに混迷の度合いを増していた。

米中貿易収支の非対称性は，米国の対中赤字が100億ドルを突破した1990年頃から指摘されてきた。とくに1992年までは，中国を原産地とし，香港経由で米国に再輸出される中国産品が，最初の仕向地である香港向け輸出として分類されていたために，米中両国が相互に貿易赤字を記録するという奇妙な二国間貿易が続いた。しかし1993年以後は米国の対中赤字，中国の対米黒字が定着した。これは貿易統計の正確さを期すために，中国が国・地域別統計の原産地と仕向地の再分類を行ったためである[1)]。具体的には，1992年10月から，

図3-1　米中貿易収支の差異

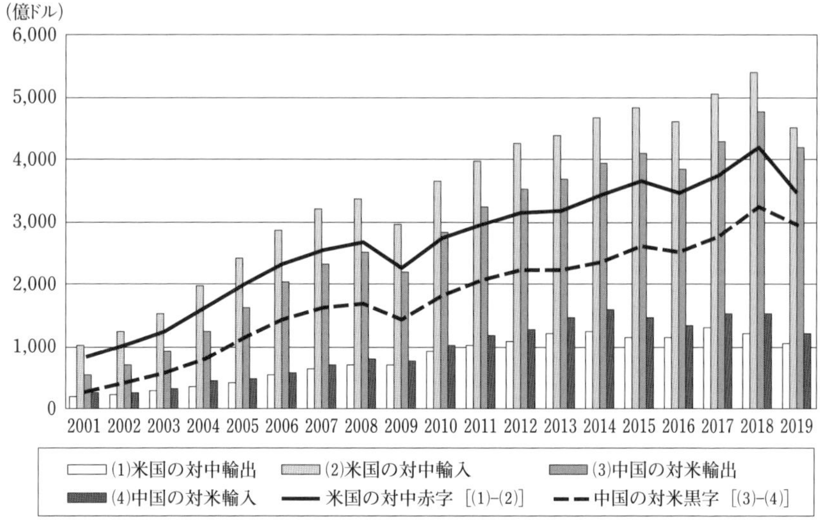

資料：『中国海関統計』2001-2019年12期，*Survey of Current Business*, April 2002-20より作成。

輸出申告書に仕向地と最終消費地の双方が記入されていない限り，中国海関が通関を認めなくなったからである。

ここでは，米中貿易不均衡の非対称性に着目した先行研究をもとに，米中貿易不均衡の構造を考察しておこう。

2. 米中貿易と香港の中継貿易

2002年に米国の対中輸入は対日輸入を上回り，米国にとって中国は北米自由貿易協定（NAFTA）のメンバーであるカナダ，メキシコに次ぐ第3の輸入相手国となった。一方，中国の対米輸出が香港向け輸出を上回った1999年から，中国にとって米国は最大の輸出市場である。

公式統計とFung and Lauの先行研究をもとに，1990年代の米中貿易収支の推移をみてみよう（表3-1）[2)]。ここでは，米中両国の通関統計に次のような調整が加えられている。(1)は，米中両国の通関統計の数値であり，何ら調整は

1）『中国海関統計（月刊）』第52期，1993年12月，7頁。詳しくは，大橋［1998：157］。

表 3-1　米中貿易収支の推移（1990〜2000 年）

（単位：億ドル）

	(1)		(2)		(3)		(4)		(5)
調整段階	公式統計		公式統計 FOB		公式統計 FOB 再輸出		公式統計 FOB 再輸出 中継貿易		公式統計 FOB 再輸出 中継貿易 サービス
出所	米国統計	中国統計	米国統計	中国統計	米国統計	中国統計	米国統計	中国統計	米国統計
1990	−104	14	−90	8	−78	−75	−56	−63	−
1991	−127	18	−109	11	−94	−96	−62	−76	−
1992	−183	3	−159	−5	−137	−148	−91	−119	−85
1993	−228	−63	−197	−73	−168	−242	−110	−203	−104
1994	−295	−75	−259	−88	−225	−284	−158	−240	−153
1995	−338	−86	−297	−101	−252	−307	−177	−258	−169
1996	−395	−105	−347	−120	−293	−331	−216	−280	−203
1997	−497	−164	−439	−179	−384	−409	−302	−355	−288
1998	−569	−210	−503	−225	−455	−460	−374	−407	−357
1999	−687	−224	−612	−242	−563	−485	−475	−426	−463
2000	−838	−297	−745	−317	−690	−594	−589	−526	−571
2001	−831	−281	−	−	−	−	−588	−489	−565
2002	−1,031	−428	−	−	−	−	−766	−646	−743

注：本表は米国からみた対中貿易収支を表しているため，統計の出所を問わず，プラスの数値は米国の対中黒字，マイナスの数値は米国の対中赤字を表している。

資料：Fung and Lau［1996］,［1999］,［2001］,［2003］より作成。

加えられていない。(2)は，(1)を FOB（free on board：本船積込み渡し）価格に変換したものである。米国では FAS（free alongside ship：船側渡し）価格が使用されているので，これを調整した値である。(3)は，(2)に香港経由の再輸出を加算したものである。(4)は，(3)にさらに香港の中継貿易に付随して発生した価値（最終加工，運輸・倉庫，金融サービスなど）を加算したものである。(5)は，(4)にサービス貿易を加算したものであるが，当時は中国側の数値がとれず，米国側のサービス統計だけにとどまっている。

---

2)　米中貿易収支の非対称性に関しては，Fung and Lau［1996］,［1999］,［2001］のほか，Feenstra et al.［1998］, Feenstra［1999］，および Kueh and Voon［1997］, Voon and Kueh［2000］の 3 つの研究グループが体系的な研究成果を発表している。また米中貿易不均衡に関する当時の中国での包括的な研究として，張燕生他［2006］，全国美国経済学会他編［2006］,［2007］などを参照。

以上の調整を加えると，香港経由の中継貿易が米中貿易に大きく影響していることが明らかとなる。ここから，対米輸出品の原産地表示のあり方が，米中貿易統計の不整合問題の最大の原因であるという見方も，それなりに説得力を持っている（賈懐勤［2004］）。いずれにせよ，このような調整を加えていくと，米国の対中赤字は米国の公式統計の3分の2程度の水準にとどまり，一方，中国の対米黒字は中国の公式統計の2倍近い水準に達していることが明らかとなる。

3. 米中貿易収支に関する米中共同研究

米中間のハイレベル対話の場である合同商業貿易委員会（JCCT）では，この統計上の不整合問題の重要性が強く認識され，これまで2009年と2012年の2度にわたり，米国商務省・通商代表部と中国商務部・海関総署による共同研究が実施されてきた（JCCT［2009］,［2012］）。

JCCTの共同研究によると，米中両国の通関統計の間に大きな差異が存在する理由として，次のような点が挙げられる。

第1に，日米貿易摩擦をはじめとして，多くの貿易摩擦で常に議論となる技術的な問題がある。まずは暦年を跨ぐ輸出入における通関時期の問題がある。具体的には，年末に中国から輸出された商品が，翌年初に米国で輸入されるケースである。次に為替レートの差異の問題がある。これは貿易決済時の為替レートが基本となるが，ここでも「時差」が生じることは不可避である。さらに輸出入商品の原産国の問題がある。これは二国間貿易収支ではとくに重大な問題であるが，いずれも輸入業者の申告に基づいているのが現実である。

第2に，米中両国が通関統計の作成に際して採用している貿易取引条件が微妙に異なる。中国の輸出入では本船積込み渡し価格（FOB：free on board）と運賃・保険料込み価格（CIF：cost, insurance and freight），米国の輸出入では船側渡し価格（FAS：free alongside ship）と課税価格（CV：customs value）が用いられている。輸出入ともにFOB価格で計上される国際収支統計のように，同じ貿易取引条件を用いない限り，米中貿易収支に差異が生じるのは不可避である。

第3に，米中両国の通関統計が採用している地理的な統計範囲が若干異なる。

たとえば，米国の輸入統計には，プエルトリコとバージン諸島が含まれているが，中国の輸出ではそれぞれプエルトリコ向け，バージン諸島向け輸出に分類されている。かつて中国企業は対米貿易摩擦を回避するために第三国・地域経由の対米輸出ルートを多用したことがあり，プエルトリコもバージン諸島も対米輸出の経由地として用いられたことがある。

第4に，やはり中国の対外貿易に特有な香港経由の中継貿易の影響がある。かりに中国の米国向け輸出に香港経由の再輸出を加除し，香港で発生する中継貿易に伴うマージンを加除すれば，公式統計とはまた異なる米中貿易収支を算出することができる。たとえば，2002年の公式統計でみた米国の対中貿易収支は，米国統計では▲1,031億ドル，中国統計では▲428億ドル，両者の差異は603億ドルにのぼる。しかし上述した条件で調整すると，米国統計では▲766億ドル，中国統計では▲646億ドル，両者の差異は公式統計の5分の1の120億ドルに縮小する（大橋［2007：128］）。

その後，「中国海関統計」では，最終仕向地に基づく再分類が徐々に整備されるようになったが，同時に香港経由の中継貿易の形態も大きく変化した。たとえば，トランスシップメント（「転運」）と呼ばれる貿易形態のように，中国を原産地とする商品ではあるが，香港の港湾施設・決済機能だけを利用して，香港で通関されることなく，最終仕向地に移送される商品も増加し，香港経由の対米輸出の取り扱い方はますます複雑になった。さらに後述するように，中国の輸出商品が国境を越えた多国籍ネットワークを通して生産されるようになると，技術的にも原産地を明確にすることがより困難となっている。

このような経緯もあり，中国の対外貿易では，利益を香港にプールするために，また単なる節税目的から，輸出入の過少申告がしばしば指摘されている3)。実態把握は困難であるにせよ，これも米中貿易収支を歪めている一因である。

3)　貿易財の価額・数量の過少申告は，一般に課税や数量規制の回避を目的としている。同時に，外貨管理の厳しい中国では，香港に資金をプールするなど，資金の国外移転の手段として貿易財の過小申告が用いられることがある（Martin［2016］）。

表 3-2　米国の輸出と米国系海外子会社の売上高

（単位：億ドル，％）

	2000			2017		
	(1)米国輸出	(2)現地売上	(2)/(1)	(1)米国輸出	(2)現地売上	(2)/(1)
英国	416	3,972	9.55	563	7,140	12.68
ドイツ	294	2,002	6.81	535	3,597	6.72
カナダ	1,789	3,280	1.83	2,824	6,458	2.29
日本	649	1,596	2.46	677	2,651	3.92
ブラジル	153	619	4.05	371	1,996	5.38
中国	162	260	1.60	1,304	5,439	4.17

注 1：「米国輸出」は米国から海外主要市場への輸出。
注 2：「現地売上」は米国系海外子会社の現地売上高。
資料：*Survey of Current Business*, August 2002 and September 2019 より作成。

第 2 節　米国企業の対中ビジネスの変容

1. 米国企業の中国ビジネス

1990～2000 年代にみられた中国の高度成長を受けて，米国企業の中国ビジネスのあり方にも大きな変化がみられるようになった。米中間の通商交渉では，米国商品の対中輸出に対する中国側の関税・非関税障壁が米中貿易収支の不均衡の一因であるとの立場から，米国は中国市場へのアクセスの改善を主張してきた。しかし米国企業の対中進出の進展に伴い，米国企業にとっての中国ビジネスの焦点は，単なる対中輸出から米国企業の中国子会社による生産・販売へと移行してきた。たとえば，2017 年に米国企業の中国子会社による現地売上高は，すでに同年の米国の対中輸出額の 4 倍を上回る規模に達している（表 3-2）。米国企業のその他の国々における企業活動をみるまでもなく，二国間経済関係の深化に伴い，経済活動は単なるモノの取引から資本関係に進化する。この傾向からみて，米国企業の中国ビジネスでも，米国を原産地とする商品を中国に直接輸出する形態から，米国企業の中国子会社が中国で生産・販売する方向へと確実に姿を変えてきている。

図 3-2　米国の中国からの輸入に占める企業内貿易の比率

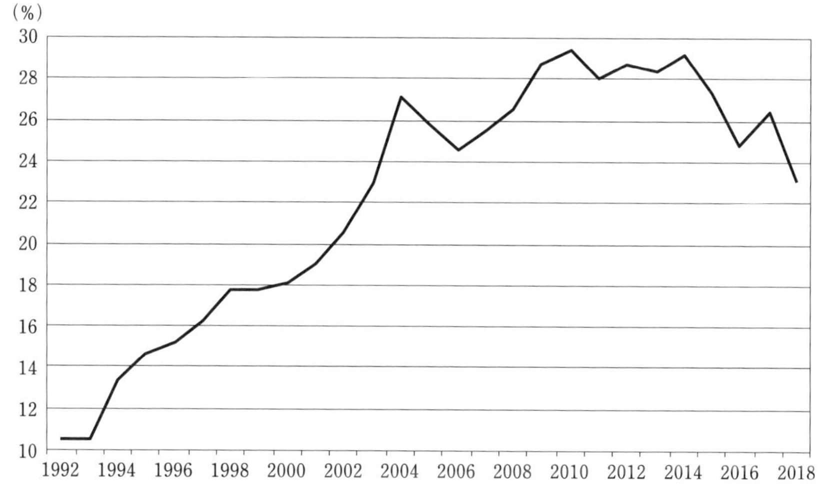

注：企業内貿易＝related party trade.
資料：U. S. Census Bureau［2016］より作成。

2. 企業内貿易の活発化

米中経済関係の深化に伴い，米中貿易における企業内貿易の比重が高まっている。米国企業の対中投資や委託加工の増加に伴い，米国企業の中国子会社や委託工場が生産した製品の対米輸出（米国の逆輸入）が 1990 年代後半から 2000 年代前半にかけて急増した（図 3-2）。改革開放期の中国の対外貿易では加工貿易の比率が高く，たとえば，2002 年の輸出に占める加工貿易の比率は 55.3% に達した。しかし対米輸出の加工貿易の比率は，これを 10 ポイント以上上回る 66.9% に達していた[4]。加工貿易の主な担い手は外資系企業であり，米国企業の企業内貿易の増加が中国の対米輸出の増加の一因となっていた[5]。

その後，米国の中国からの輸入の少なくとも 4 分の 1 程度は，米国企業の在中国子会社・関連企業からの輸入となっている。したがって，中国から米国へ

4)　中国の国・地域別の加工貿易は『中国海関統計』には掲載されていないため，この加工貿易比率は『国際貿易』（2003 年 2 月 4 日）の掲載値から算出した。。

5)　2000 年代半ば時点において，米中貿易不均衡の一因として，中国に立地する米国・外資系企業の対米輸出に着目している研究として，沈国兵［2007］，冼国明他編［2007］などを参照。

の輸出の相当部分が米国企業の企業内取引であり，米中貿易においても企業内貿易の重要性が年々高まっている。このように，米中経済関係ではボーダーレスな事業展開が急速に進行しており，米中貿易収支の非対称性はいわば構造化しているといえよう[6)]。

第3節　米中経済関係とグローバル・バリュー・チェーン（GVC）

1．GVCと付加価値貿易

改革開放期における中国の急速な経済成長と工業化は，輸出志向型の労働集約的製造業が農業部門に滞留された過剰労働力を大量に吸収し，農工両部門の生産性を飛躍的に改善したことにより実現された。なかでも，パソコンや携帯電話・スマートフォンなどのIT機器製造業は中国を代表する産業に成長した。いずれも部品・パーツが標準化され，そのインターフェースが単純に設計された典型的なモジュラー型製品であり，中国はその最終組立を担ってきた[7)]。モジュラー型の工業製品は，通信・物流分野の革新的な変化により生産拠点間を繋ぐサービス・リンク・コストが著しく低減したことにより，国境を越えて生産工程・作業が配置されるなど，文字通り「適材適所」での生産が可能となった。こうして中国を中心とする東アジアでは，急増する域内貿易・投資に基づく輸出・生産ネットワークが形成され，フラグメンテーションと呼ばれる工程・作業間分業が広くみられるようになった。

従来の貿易統計（通関統計）では，最終財の取引額だけが対象とされる。しかし今日の国際貿易では，さまざまな生産過程における中間財・サービス取引が約6割を占めている。最終財取引の結果を示す通関統計を用いれば，フラグメンテーションに基づくグローバル・バリュー・チェーン（GVC）は貿易取引の二重（多重）計算した結果を表すことになる。たとえば，A国で採取された原材料は，B国で加工され，C国で工業製品として生産され，最終消費市場の

6）2010年代に入ると，中国でも，米中貿易不均衡の原因を東アジアの生産ネットワークの対米輸出に求める研究がみられるようになった（沈国兵・王琳瓅［2014］）。
7）モジュラー型やインテグラル型などの工業製品の基本設計（アーキテクチャ）については，藤本［2004］を参照。

図 3-3　付加価値貿易の概念図

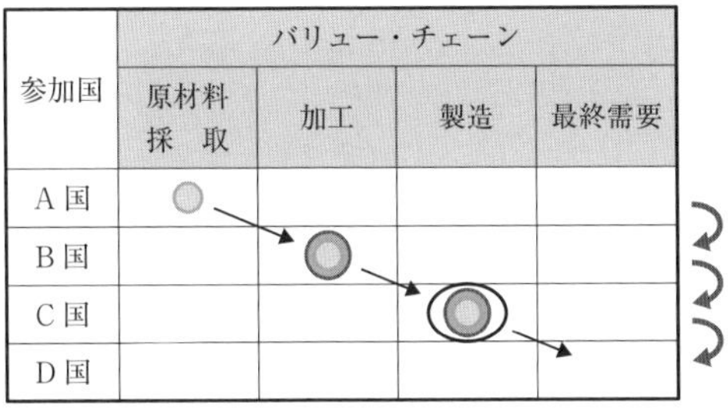

輸出	付加価値	多重計算
2	2	0
26	24	2
72	46	26
100	72	28

資料：UNCTAD［2013：123］より作成。

D 国に輸出されるとする。原材料の価値としては A 国の国民所得に計上されるが，その後の生産過程を担う B 国，C 国でも新たな付加価値が発生し，それらを包摂した価値を有する商品が最終財として貿易取引されることになる（図 3-3）。まさにこの過程において，貿易取引は多重計算の結果を表すことになる。

実際に，GVC の観点から米中間の付加価値貿易をみると，通関統計が描き出す二国間貿易とは非常に異なる構造を目にすることができる[8)]。とくに中国が世界生産の大半を占める IT 機器の生産過程では GVC が広範に形成されており，「世界の工場」＝中国はその最終工程を担ってきた。通関統計では最終財の取引額のみが問題とされるために，輸出品のすべてが中国で生産されたかのような誤解を生じさせることになる。一方，付加価値貿易では生産工程・作業（立地国・地域）ごとに発生する付加価値に着目するために，従来の二国間貿易収支とはかなり異なる結果が導かれる。

2. GVC の事例研究

GVC にいち早く着目した研究として，Gourevitch et al.［1997］のハードディスク・ドライブ（HDD）の事例研究が挙げられる。1998 年の米国の中国製

8）GVC については，エスカット・猪俣［2011］，UNCTAD［2013］，大橋［2016］（中文），猪俣［2019］，付加価値貿易統計については，OECD TiVA Database（http://www.oecd.org/sti/ind/measuring-trade-in-value-added.htm）を参照。

HDDの輸入は約6億ドル，米国製HDDの中国向け輸出は数百万ドルにすぎず，HDD貿易における米国の対中赤字は5億ドル以上となる。しかし中国製HDDの製造者は米国企業であり，中国のHDDの生産工程はアジア諸国で調達されたHDD部品の最終組立にすぎない。たとえば，シーゲート社の中国でのHDD生産は15億ドルにのぼるが，その構成は研究開発（R&D），サプライチェーン管理，マーケティングを握る米国が9.0億ドル，部品供給基地のアジア諸国が4.0億ドルであり，中国は1.5億ドルを手にするにすぎないという。

またGVCの代表的な研究としては，iPhoneの事例研究がある（Xing and Detert [2011]）。周知のように，iPhoneは米国のアップル社により企画・開発され，2000年代には，その多くが台湾の鴻海精密工業の中国子会社である富士康（Foxconn）により生産されていた。完成品（最終財）は中国から米国に向けて出荷・輸出され，アップル社がその販売・サービスを担当するという国際分業がなされていた。いわゆるスマイル・カーブの両端，つまり高付加価値の研究・開発と販売・サービスをアップル社が握り，低付加価値の製造過程を中国企業に外部委託するというビジネス・モデルである。

これを通関統計でみると，米国は中国からiPhoneを輸入した分だけ，中国に対して貿易赤字を計上することになる。一方，付加価値貿易はiPhoneを構成する部品・パーツの原産国に着目する。iPhone生産では，日米欧韓台の部品メーカーが中国の組立工場に高価な部品・パーツを供給している（表3-3）。これに対して，最終組立地である中国はiPhone生産に労働力を提供しているにすぎず，中国で発生する付加価値はiPhone出荷額のわずか数パーセントにとどまることになる（図3-4）。もちろん，中国の対外貿易においてiPhoneの事例はかなり極端なケースである。またその後の中国の技術力の向上を反映して，中国の輸出に占める国内付加価値比率は着実に上昇している[9]。

3. GVCと米中貿易収支

GVCに着目した付加価値貿易統計でみると，米国の対中貿易赤字は大幅に

9）　たとえば，中国の輸出に占める国内付加価値比率は，2005～2015年に73.7%から82.7%に上昇している（OECD, TiVA Databaseより算出）。また2018年のアップル社のサプライヤー・リストでは，中国企業が台湾勢に次いで第2位に浮上している（『日本経済新聞』2019年3月19日）。

表3-3　iPhone 3の価格構成

メーカー	部品	価格（ドル）
東芝（日本）	Flash Memory Display Module Touch Screen	24.00 19.25 16.00
Samsung（韓国）	Application Processor SDRAM-Mobile DDR	14.46 8.50
Infineon（ドイツ）	Baseband Camera Module RF Transceiver GPS Receiver Power IC RF Function	13.00 9.55 2.80 2.25 1.25
Broadcom（米国）	Bluetooth/FM/WLAN	5.95
Numonyx（米国）	Memory MCP	3.65
村田製作所（日本）	FEM	1.35
Dialog Semiconductor（ドイツ）	Power IC Application Processor Function	1.30
Cirrus Logic（米国）	Audio Codec	1.15
その他		48.00
部品合計		172.46
組立・加工費（中国）		6.50
製造コスト		178.96

資料：Xing and Detert [2011: 3].

縮小する。エスカット・猪俣［2011：100］によると，付加価値貿易統計でみた2005年の米国の対中貿易赤字は，取引総額ベースよりも27％減少する[10)]。さらに米中貿易の主要な形態である委託加工貿易の影響を控除すると，米国の対中貿易赤字は取引総額ベースより53％減少する。

米中貿易不均衡に関しては，中国でも同様の試みが実施されている[11)]。それによると，付加価値貿易統計でみた中国の対米黒字は取引総額ベースの半分

10)　付加価値貿易統計の作成は国際産業連関表に基づくため，(1)取引総額（グロス）ベースと(2)付加価値だけを取り出した付加価値ベースに大別される。また付加価値貿易統計では，財・サービス取引は集約して捉えられる。

11)　中国全球価値鏈課題組［2017］では，中国海関統計と中国の2012年産業連関表および米国の2015年産業連関表を用いて，米中付加価値貿易と雇用創出が推計されている。

図3-4　iPhone 3 をめぐる米中間の付加価値貿易

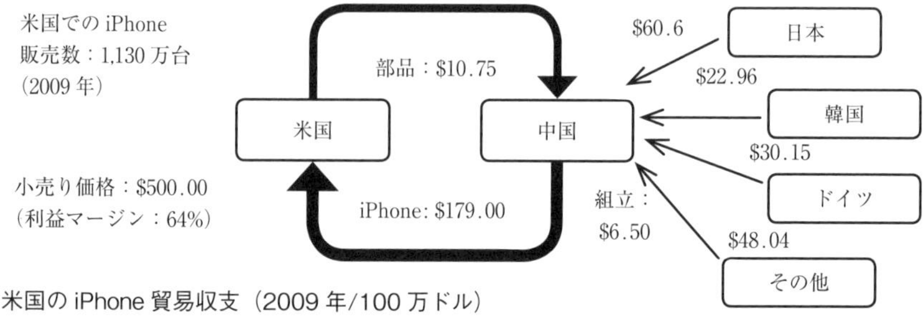

米国の iPhone 貿易収支（2009 年/100 万ドル）

	中国	日本	韓国	ドイツ	その他	世界
貿易収支	−1,901.2	0	0	0	0	−1,901.2
付加価値	48.1	−684.8	−259.4	−340.7	−542.9	−1,901.2

資料：Xing and Detert［2011］より作成。

以下となる。ただし取引総額ベースと付加価値でみた中国の対米黒字の差異は，2010～2016 年にかけて縮小傾向にある。

そこで OECD の付加価値貿易統計 TiVA Database に基づいて米中貿易収支をみてみると，米国の対中赤字・中国の対米黒字は相当縮小する。米国の通関統計ベースの対中貿易収支と比べると，米中貿易収支（米国の対中赤字・中国の対米黒字）の規模は，付加価値貿易統計の⑵取引総額ベースでは 7～8 割水準，⑶付加価値ベースでは 5～6 割水準にとどまる（図 3-5）。

猪俣［2019：93］が指摘するように，付加価値貿易研究は米中貿易不均衡というきわめて政治色の濃い問題を背景に発展した一面は否定できない[12)]。しかし，GVC や付加価値貿易の視点が現代の米中経済関係の考察には不可欠であることは明らかである。重層的な GVC で構築された今日の米中二国間貿易は，最終財の取引高だけを対象とするモノの貿易収支だけでは，とても捉えきれない構造となっている。そのため 2000 年代半ば以降，ブッシュ政権やオバマ政権では，対中貿易収支の不均衡は米中経済関係の喫緊の争点というよりは，

12)　米中貿易収支の研究のほか，温室効果ガスの排出量の分析など，中国に対する国際的な批判が強い分野では，中国は付加価値貿易統計の活用にきわめて熱心である。

図 3-5　付加価値貿易統計でみた米中貿易収支

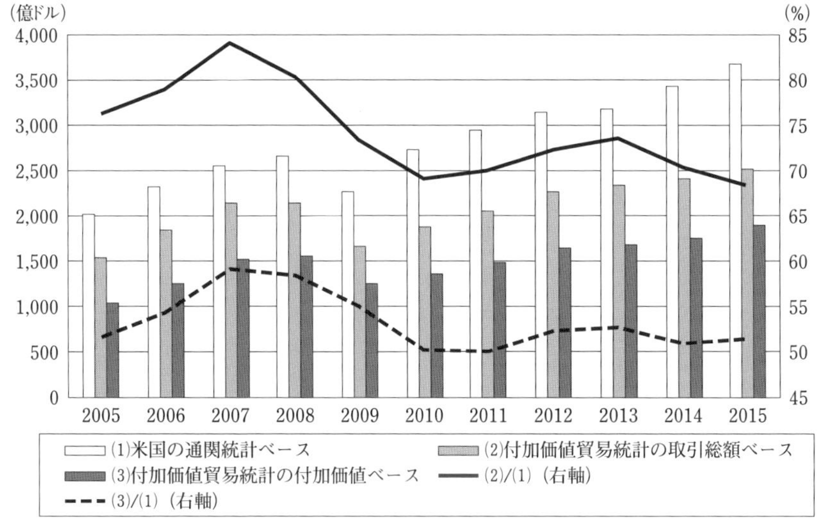

資料：OECD, TiVA Database より作成。

いわば既存の争点としての扱いがなされていた。

第 4 節　貿易不均衡に対する中国の対応

1．ウィン・ウィン関係の強調

トランプ政権成立直後，「100 日行動計画」が打ち出されると，中国商務部は米中経済関係の補完性・互恵性を強調する報告書を発表した（中国商務部[2017]）。

ここでは，まず米中両国が財・サービス貿易，投資，金融面で直接利益を得ていること，また米国側は，(1)経済成長，(2)消費者利益，(3)雇用拡大，(4)産業高度化の面において，一方，中国側は，(1)経済転換・高度化，(2)資金・先進管理経験の導入，(3)就業機会の創造，(4)関税・税収，(5)国内消費市場の拡大の面において，それぞれ間接利益を享受していることが指摘されている。

そして，米国側の懸案事項として，(1)対中貿易赤字，(2)人民元レート，(3)過剰生産能力，(4)市場開放，(5)知的財産権の保護を，一方，中国側の懸案事項として，(1)中国のWTO加盟議定書第15条[13]，(2)米国の対中輸出規制，(3)中国企業の対米投資の公平な処遇，(4)米国による貿易救済措置の濫用が挙げられている。

なかでも，米国の対中赤字については，次のような解釈が提示されている。

(1)貿易黒字は各国の工業化過程において普遍的にみられる。

(2)米国の中国に対するモノの貿易赤字は過大評価されている。

(3)過去10年を通して，米国の対中赤字は徐々に改善方向にある。

(4)米国の対中赤字は両国の経済構造，産業競争力，国際分業によって決定されており，人為的な要素が創造したものではない。

(5)貿易赤字は米国が外国貯蓄を利用していることにほかならず，自国の生産能力を超過した消費水準が維持されているからである。

(6) GVCのもとで貿易黒字が中国に集約されているが，利潤は米国に帰属しており，全体としてウィン・ウィン関係にある。

(7)米国の対中赤字と米国製造業の就業機会の減少とは直接の関係はない。

このため中国側は貿易黒字の削減のために努力を続けており，米国の対中赤字問題の解決には，米中双方の努力が求められているという。

さらに商務部の報告書では，米中経済協力分野として，(1)インフラ建設協力，(2)双方の市場開放，(3)二国間投資協定（BIT）交渉を挙げたうえで，中国が今後5年間に8兆ドルの輸入を行うにあたり，米国企業には，(1)エネルギー，(2)農産品，(3)工業製品，(4)サービス貿易，(5)越境電子商取引で巨大な商機が訪れるとの展望が示されている。

トランプ政権の誕生にあたり，中国は米中双方の懸案事項から協力分野にいたるまで，非常にバランスのとれた議論を展開している。「中国と米国という世界最大の途上国と世界最大の先進国がウィン・ウィンの関係で共存する唯一

13)　2001年末の中国のWTO加盟時の取り決め（加盟議定書第15条）では，中国の輸出品は政府の補助金や低利融資などを受けていることが多く，その販売価格の把握が困難なことから，中国を含む非市場経済国の輸出品に対するダンピング認定に際しては，第三国の販売価格と中国からの輸出価格を比較することが可能となっている。この規定は，中国のWTO加盟15年経過後の2016年末に失効することになっていたが，欧米日はいまだ中国からの輸出品に対するダンピング認定方法を変更しておらず，引き続き中国を非市場経済国扱いしている。中国のWTO加盟については，大橋［2002］を参照。

の選択肢は，対立ではなく協力である」という姿勢が貫徹されているといえよう。

2. 貿易不均衡に対する中国の反論

トランプ政権による通商法301条調査に基づく制裁措置の発動後，2018年9月に中国は「中米経済・貿易摩擦の事実と中国の立場」と題する「白書」を発表した（国務院新聞弁公室［2018］）。ところが，この段階にいたると，米中ウィン・ウィンの姿勢はもはやみられず，「白書」では，貿易不均衡に関して，次のような論拠を掲げて反論するとともに，さまざまな事例を示しながら，WTOのルールに反する政策・慣行をとっているのはむしろ米国側であるとの指摘が展開されている。

まず中国の経常黒字の対GDP比率が，2007年の11.3%から2017年には1.3%に低下した点を指摘したうえで，貿易収支だけでは米中経済関係を十分に評価できないと主張する。米国はサービス貿易では圧倒的な競争力を有しており，上述したように，中国市場における米国企業現地法人による売上高も巨額になっている。商品貿易にサービス貿易と現地法人の売上高を加算すれば，米国がより大きな利益・便益を得ていることは明らかであるという。

「白書」による米国の貿易不均衡に対する中国の反論は，さらに次のように続く。

第1に，そもそも貿易不均衡は米国の貯蓄不足の当然の帰結である。国民経済計算では，貯蓄・投資バランス＝経常収支の関係にある。中国の貯蓄率は非常に高く，高貯蓄を背景に高い投資率が維持され，高成長を続けてきたわけであり，中国が大きな経常黒字を有するのは当然である。一方，米国の貯蓄率は低く，景気上昇に伴い投資が増えると，投資率が貯蓄率を大幅に上回るために，大きな経常赤字を抱えることになる。したがって，貯蓄不足のバランスをとるために，米国は貿易赤字により大量の外国貯蓄を吸収しなければならず，これが1971年以後の米国の貿易赤字の根本的な構図である。

第2に，貿易不均衡は米中両国の相互補完性と競争力を正確に反映している。中国の対米黒字は主に労働集約的製品によるものであり，対米赤字は航空機，半導体，自動車などの資本・技術集約的製品と農産物による。貿易不均衡は，

図3-6　米国の国・地域別貿易赤字の構成

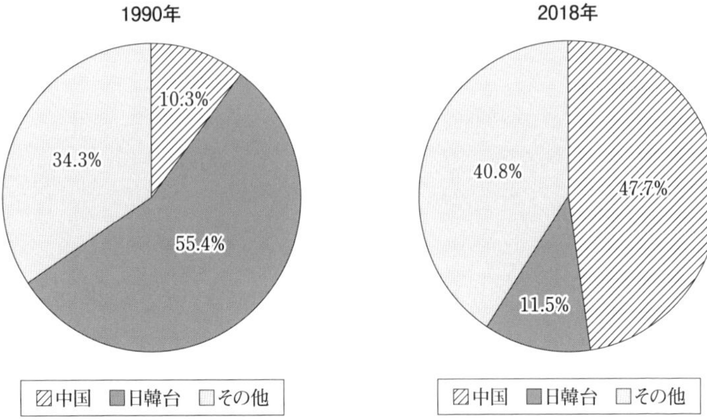

資料：U. S. Bureau of Economic Analysis, “International Trade in Goods and Services” より作成。

両国が比較優位に基づき産業競争力を発揮した自然な市場選択の結果である。

第3に，貿易不均衡は国際分業と多国籍企業による生産拠点の立地変更の結果である。GVCと国際分業の拡大に伴い，2017年の対米黒字の59%は中国に立地する外資企業に帰属する。アジア太平洋地域の輸出生産ネットワークに組み込まれる過程で，中国は日本，韓国，台湾の対米黒字の大部分を引き受ける形となった（図3-6）。

第4に，貿易不均衡は米国の対中ハイテク輸出規制の結果である。冷戦思考にとりつかれた米国は，厳格な対中輸出規制を実施しているために，多大な輸出機会を喪失している[14]。米国の輸出規制が対ブラジル水準に緩和されれば，対中赤字は24%削減され，対フランス水準にまで緩和されれば35%削減するという[15]。

第5に，貿易不均衡は米ドルが主要な国際通貨であることの証左でもある。米国は法外な通貨発行権益（シニョリッジ）を有するが，同時に主要な国際決済通貨として，米国は貿易赤字を通じて世界に米ドルを供給している。米国の

14)　米中貿易不均衡が顕在化してから，中国は繰り返し対中ハイテク輸出規制を米中貿易不均衡の一因として強調している（王勇［2007］）。

15)　「白書」は次の研究成果を引用している。Carnegie Endowment for International Peace, “Political Barriers in US Exports to China and US-China Trade Deficit,” April 10, 2017.

貿易赤字はブレトンウッズ体制下の国際通貨制度とも不可分な関係にある。

3. 変容する米中経済関係

2019年5月の米中通商協議の決裂後，中国政府は6月2日に「米中経済貿易協議に関する中国の立場」と題する「白書」の第2弾を発表した（国務院新聞弁公室［2019］）。この「白書」は，協議決裂の責任が中国にあるとの報道が広まるなか，むしろ米国が前言を翻す行動をとったことを非難し，米国が発動した一連の制裁措置やその単独行動主義に反論するものであり，米中経済関係を具体的に解説したものではない。

ただし，この「白書」の第2弾と同じ頃に発表された商務部の研究報告は，米国の対中赤字に関して従来と同様の見解を提示している（中国商務部［2019］）。すなわち，中国商務部と米国商務省の共同研究によると，2015年の米国の対中赤字は21%過大評価されており，この比率を米国の通関統計に掲載されている2018年実績である4,192億ドルに当てはめると，米国の対中赤字は3,312億ドルとなる。一方，同年の中国の対米黒字の53%は加工貿易，うち中国が第三国から輸入した部品は903億ドルにのぼる。これを控除すると，米国の対中赤字は2,409億ドルとなる。さらにサービス貿易では，2018年に米国は873億ドルの対中黒字を有する。これを加えると，中国側からみた2018年の対米財・サービス貿易黒字は1,536億ドルとなり，米国の通関統計が示す対中赤字4,192億ドルの実に37%にとどまることになる。

米中貿易不均衡に対する中国側の反論はきわめて常識的であり，貿易不均衡に関する問題点の指摘は「白書」の第1弾で展開された論理・主張にほぼ尽きるであろう。たしかに，米国の低貯蓄が改善されない限り，二国間貿易収支を理由に中国産品を排除したところで，米国の輸入先は東南アジアや中南米の新興国・途上国に移行するだけであり，米国の貿易赤字が減少することはない。中国の反論は，いずれも大統領選中からトランプ候補が掲げていた対中批判に的確に応える内容となっている。米中経済関係の実態が重層的なGVCに基づく相互依存関係に姿を変えるに伴い，すでに米国内でも貿易不均衡を最大の争点として取り上げることは少なくなっていた。ところが，中国との「貿易戦争」に臨むにあたり，トランプ政権はまずお決まりの争点から取り組み始めたのであった。

第5節　人民元をめぐる米中経済関係

1．人民元を取り巻く経済環境

いうまでもなく，為替と通商は本来別物である。しかし人民元レートのあり方が米中経済関係の主要な争点とみなされてきたために（Goldstein and Lardy eds.［2008］），ここでは関連する議論を簡潔にまとめておこう。

改革開放後，中国は貯蓄・外貨不足を輸出と外資導入によって補填することを対外経済政策の基本方針としてきた。そのため中国では，1980年代半ばから1990年代半ばにかけて人民元の実勢化（切り下げ）に努めた後は，その増価をできるだけ回避し，米ドルとの連動を維持する事実上の米ドル・ペッグが続けられてきた。また金融市場での為替取引が実需を大幅に上回る今日の世界経済では，金融部門が未熟な発展途上国が資本自由化に踏み切るリスクはきわめて高い。そのため中国は資本自由化に対してきわめて慎重であり，こうして1990年代末のアジア通貨危機以後の幾度かの金融危機を乗り切ってきた[16)]。

しかし中国が過大評価されていた人民元の実勢化（切り下げ）に努めた結果として，対米関係では，過小評価された人民元が貿易不均衡の一因であるとの批判を受けるようになった[17)]。とくに2003年からは，中国は人民元の過小評価によって対米輸出を促進し，米国の雇用を奪っているとの議論が米国議会で沸き上がった[18)]。なかでも2005年2月には，米議会上院のシューマー議員とグラム議員を中心に超党派の対中報復関税法案が提出された。同法案には，180日間以内に人民元の切り上げ交渉を行い，中国が人民元を切り上げない場合には，中国からの輸入品に27.5％の報復関税を課すという内容が盛り込まれた。

16）人民元改革とその国際化については，大橋［2003］，［2010］，［2013］を参照。

17）もっとも，当時の中国の輸出入では委託加工が過半を占めていたために，人民元安が中国産品の輸出競争力を強め，輸出を拡大したとしても，輸出に不可欠な投入・中間財の輸入価格も上昇したことから，為替調整が委託加工貿易と貿易収支に及ぼす影響は限定的であったという見方もある（Xing［2012］）。

18）人民元切り上げ問題をめぐる米国内の政治経済情勢については，藤木［2017］を参照。

その後も米国議会では，人民元切り上げを目的とした人民元関連法案が相次いで提出され，対中関与や中国市場を重視する大統領に対して強い圧力が加えられた。しかし米国のビジネス界でも，すでに中国に進出した大企業と中小企業，製造業とサービス業の見解の相違，東アジアにおける生産ネットワークの形成の進展，さらには議会内部の主導権争いや他の政策課題との優先順位などをめぐって，多様な利益が交錯するなか，米国議会は人民元関連法案を対中制裁法案として一本化することに失敗した。ただ，米国議会における人民元関連法案の提出は，2000年代後半になっても続けられた。

2. 経済環境の変化

国際金融論では，(1)為替相場の安定（固定相場），(2)自由な資本取引，(3)独立した金融政策の3つが鼎立しないことは「不可能な三位一体」，「国際金融のトリレンマ」として知られている。これまで中国は，事実上のドル・ペッグを維持しながら，資本移動を制限することにより，独立した金融政策を確保してきた。しかし中国がWTOに加盟し，資本移動が活発化するに伴い，独立した金融政策を維持するためには，より柔軟な為替制度への移行が求められた。しかも中国は米ドル・ペッグを選択してきたために，その金融政策は米国に同調せざるをえず，中国の金融政策は少なからぬ制約を受けてきた。

そこで2005年7月，中国人民銀行は人民元の対ドル・レートを約2.1%切り上げ，0.3%の変動幅を許容する管理フロート制に移行した。もちろん，この人民元改革はシューマー＝グラム法案などの対中制裁法案の行方を睨みつつも，単に対米関係への配慮から断行された措置ではない。高成長下の当時の中国では，人民元の切り上げを見込んだホットマネーの流入が急増し，中国人民銀行は対ドル・レートの維持を目的に介入を続けた。その結果，外貨準備高は急増し，過剰流動性がインフレ圧力を強めていた。しかしインフレ抑制のために人民銀行が利上げに踏み切れば，それを目当てにホットマネーがさらに流入し，利上げ効果は相殺される。そこでバブルの抑制とインフレ圧力の緩和を目的として，人民元改革が断行されたのである。

その後の主要通貨の実質実効為替レートの推移をみると，人民元は2005年夏から2015年夏までの10年間に約50%増価した（図3-7）。2015年5月の中

図3-7　人民元の実質実効為替レートの推移

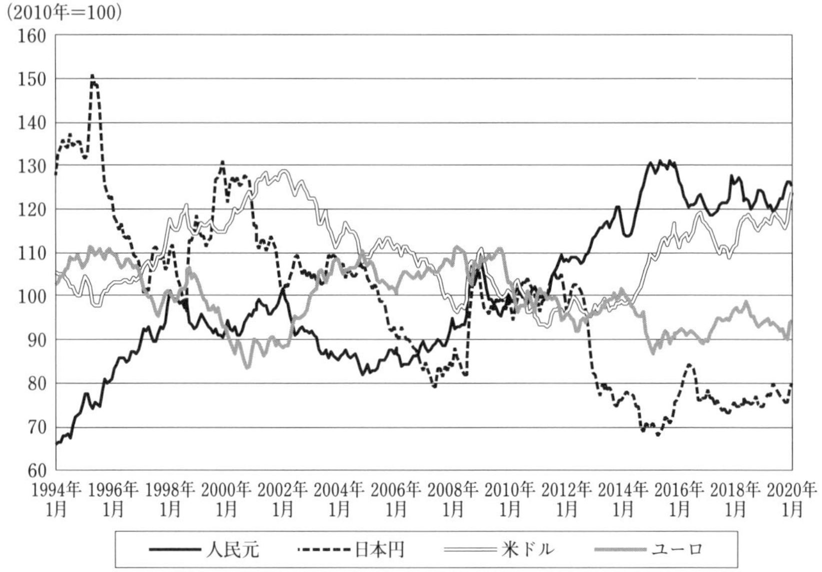

資料：BIS, "Effective Exchange Rate Indices" (https://www.bis.org/statistics/eer/index.htm?m=6%7C187) より作成。

国とIMFの年次協議では，「人民元はもはや過小評価されていない」(*Reuters*, May 26, 2015) とのお墨付きをもらい，同年10月に人民元はIMFの特別引出権（SDR）構成通貨に採用された。これにより中国人民銀行による為替介入にも一定の枠がはめられた。しかし中国発の「世界同時株安・通貨安」の衝撃が襲った2015年夏以後は，中国からの資金流出と人民元の下落が懸念されるようになり，中国では人民元レートの維持が金融政策の主要な課題となっている。

3. トランプ政権の対応

巨額の対中貿易赤字に関して，米国は長年にわたり中国の為替レート政策に対して不満を表明してきた。大統領選中からトランプ候補も「中国からの輸入品に45%の関税を課す」といった激しい対中批判を繰り返した。トランプ候補の対中批判は，アドバイザーに登用した対中強硬派のナバロ氏の *Death by China* (Navarro and Autry [2011]) が指摘する中国の「米国の雇用破壊のための武器」のひとつである為替操作に依拠している。選挙期間中にトランプ候補が「中国製品に 45% の関税を課す」と掲げたのは，為替操作により人民元が 45% 過小評価されているというナバロ氏の主張に基づいている。

トランプ政権成立後，トランプ大統領は当初は朝鮮の核・ミサイル問題への対応もあり，対中融和的な姿勢をとった。そのため，大統領選で繰り返し強調した中国の「為替操作国」の認定も暫時見送られた。しかし対中制裁措置が発動された 1 年後，2019 年 8 月に米財務省は「1988 年包括通商競争力法」に基づき，中国を 1994 年以来，25 年ぶりに「為替操作国」に認定した（U. S. Department of the Treasury [2019b]）。これは米国の通商相手国による国際収支の効果的な調整に対する阻害行為や，国際貿易において不公平な競争優位を得るための為替操作を検証する制度であり，半期に一度の「為替政策報告書」[19] で発表される。

「為替操作国」の認定基準は，⑴巨額の対米貿易黒字，⑵大幅な経常黒字，⑶外国為替市場における持続的かつ一方的な介入である。しかし 2016 年には，⑴対米貿易黒字（財貨貿易のみ）200 億ドル以上，⑵経常黒字の対 GDP 比 3% 以上，⑶過去 12 ヵ月間のうち 8 ヵ月以上の為替介入の実施と介入総額 GDP2 % 以上という新たな認定基準が導入された（*FX Report*, April 2016）[20]。

ところが，いずれの認定基準をもってしても，中国は，⑴巨額の対米貿易黒字の基準しか該当しない。そこで 2017 年には，「米国の貿易赤字に巨大かつ不相応なシェアを占める国は，上記の認定基準 3 項目のうち 2 項目に該当しなくとも監視対象となる」ことが，認定基準に付け加えられた（*FX Report*, April 2017）。明らかに中国に照準を定めた新たな認定基準である。後述するように，2020 年 1 月，米中通商協議の第一段階合意で為替操作を控える条項が盛り込まれたことから，中国の「為替操作国」認定は解除された（*FX Report*, January 2020）。もともと 2019 年 8 月の中国の「為替操作国」認定は，対中追加関税第 4 弾の発表にあわせたものであり，「為替政策報告書」の発表とは無関係に実施された異例の措置であった。また米中通商協議の第一段階合意にあわせ

19）　U. S. Department of the Treasury [2019a]. 以下，本シリーズの報告書は *FX Report* と略。
20）　その後，2019 年には，⑵の経常黒字の対 GDP 比は「3% 以上」から「2% 以上」に，また⑶の「8 ヵ月以上」は「6 ヵ月以上」に修正された（*FX Report*, May 2019）。

て，中国の「為替操作国」の認定が解除されたことからも明らかなように，中国の「為替操作国」の認定は米中通商協議の駆け引きの一環として捉えるべきであろう。

第4章　米中投資摩擦の顕在化[1)]

第1節　中国の対外投資

1. 対外投資の拡大

21世紀を迎えた頃から，中国の対外投資は急増し，2014〜2018年には対外投資が対内投資を上回る水準にあった（図4-1）。もっとも，2015年夏の中国発の世界同時株安・通貨安後の資本規制の強化により，中国の対外投資は2016年をピークに減少傾向にある。

国連貿易開発会議（UNCTAD）の『世界投資報告』（*World Investment Report*）をみる限り，中国の対内・対外投資は，きわめて緊密な経済関係にある香港の対外・対内投資を含めて考えると，いずれも世界最大規模に達している。中国の対外投資の増加要因は多岐に及ぶが，まず国内貯蓄・投資バランス，国際収支（投資収益収支，直接投資，外貨準備増減，誤差・脱漏），資金循環（海外部門の資本過不足），為替レートの変化など，マクロ経済の構造的な変化がある（大橋［2008］）。

中国の対外投資の公式統計である『中国対外直接投資統計公報』によると，中国の対外投資はタックス・ヘイブン（租税回避地）向け投資が多く，投資分野もリース・ビジネスサービスが最大である[2)]。しかしタックス・ヘイブンは必ずしも最終投資先ではなく，投資目的は主に特殊目的事業体（SPV/SPE：special purpose vehicle/entity）の設置にある[3)]。かつて中国では，中国の外資

1)　本章は，大橋［2016a］を大幅に加筆・修正したものである。
2)　タックス・ヘイブン税制については，山口［2009］を参照。

図4-1　中国の対内・対外投資の推移

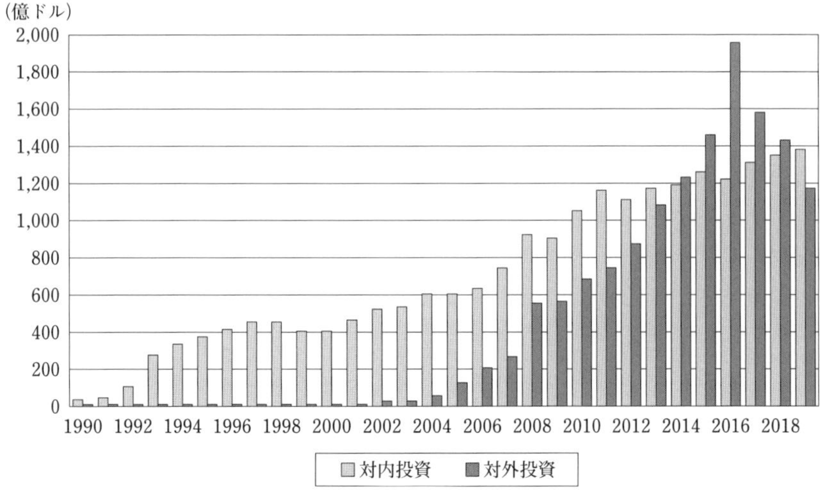

注：2005年までの対外投資は非金融部門を除く。
資料：『中国商務年鑑』,『中国対外直接投資統計公報』各年版より作成。

優遇措置の利用を目的として，一旦外国に投資し，外資系企業として中国に再投資・回帰する周遊型（round-trip）投資が対内投資で高い比重を占めていた[4]。その対内投資の原資が中国からの対外投資，あるいは資本逃避の一環をなしていた（大橋［2003］）。

その後は，タックス・ヘイブンのオフショア金融センターから第三国・地域に向かう外遊型（outward-journeying）投資が中国の対外投資の中心となった。なかでもケイマン諸島は，米国・香港両証券取引所と協定があることから，中国企業の間では上場管理会社の所在地として広く活用されてきた。したがって中国の公式統計をそのまま利用すると，中国の対外投資全体を過大評価し，また投資対象国・地域や投資分野にかなりのバイアスがかかることになる（王碧

3)　たとえば，2010年代半ばの『中国対外直接投資統計公報』では，香港向け投資分野の上位に「鉱業」が入っている。これはSPEを設立した中国の投資主体（中国企業）の産業分類を表しているものとみられる。

4)　Xiao［2004］は，1990年代後半における中国の対内投資に占める周遊投資の比率を全体の40%前後とみている。

珺［2013］)[5)]。近年のOECDやG20での利益移転や移転価格に関する議論を反映して，中国の対外直接投資統計でも，タックス・ヘイブン向け投資は，雇用やオフィスなど実体のある国外企業の立地国・地域を投資先とすることになった（中国商務部合作司［2015］)。

これを補完するのが，受入国側からみた中国の対外投資の動向である[6)]。中国の対外投資プロジェクトを収集した代表的なデータベースとして，D.シザーズ（Derek M. Scissors）が開発したアメリカン・エンタープライズ研究所（AEI)・ヘリテージ財団のChina Global Investment Tracker（CGIT）がある（CGIT［2020］)。これによると，大型案件を追跡するだけでも[7)]，ほぼ中国の公式統計と同様の対外投資の動きが確認できる。そして，主要な投資先はタックス・ヘイブンではなく，米国向けであることが明らかとなる。そこで以下では，米国の対中制裁措置の対象にも含まれている中国の対米投資を検証しておこう。

2. 中国の対米投資

中国の対米投資が増加していることは，受入国側の統計からも明らかである（図4-2)。米国商務省の対内投資統計では，(1)米国に直接投資を実施した投資家（FP：Foreign Parent)，(2)米国子会社を最終・実質的に支配する投資家（UBO：Ultimate Beneficial Owner）が各々計上されている。両者の差異から明らかなように，中国の対米投資の拡大はタックス・ヘイブンを経由した外遊型投資の増加によるものであることが推測される。この2つの統計，さらに中国側の公式統計をみても，中国の対米投資は2010年代に入って急増したことがうかがえる。

次に中国の対米投資プロジェクトを継続的にフォローしているロディアム・グループのデータベースをもとに，その対米投資の特徴を整理しておこう。第

5)　Garcia-Herrero et al.［2015］は，2013年の中国の対外投資として，フロー・ベースで1,078.2億ドルから816.2億ドル，ストック・ベースで6,606.2億ドルから4,984.6億ドルに下方修正している。またSutherland and Anderson［2015］は，中国の対外投資に関する経済・経営分野の100以上の研究論文をレビューし，不完全なデータベースに基づく先行研究の問題点を指摘している。

6)　中国の対外投資データについては，本章末の【付表】を参照。

7)　CGITは，2005年以後の中国の1億ドル超の対外投資プロジェクト（建設プロジェクト投資を含む）を対象としている。

図4-2　米国の中国投資受入動向

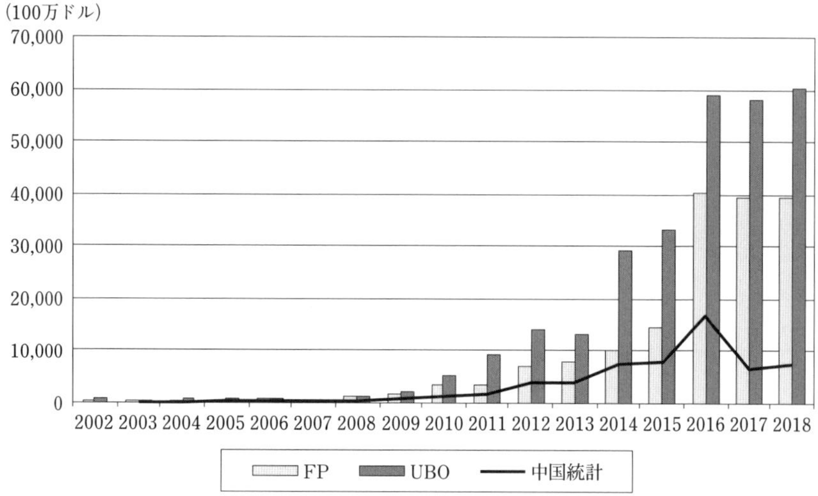

注1：FP（Foreign Parent）：米国に直接投資を実施した投資家。
注2：UBO（Ultimate Beneficial Owner）：米国子会社を最終・実質的に支配する投資家。
資料：Bureau of Economic Analysis［2020］，『中国対外直接投資統計公報』各年版より作成。

1に，中国の対米投資は2010年以後急増し，2016年にピークに達した後，中国の資本流出規制により急減した。さらに，2018年からはトランプ政権の対中制裁措置の一環として，中国からの対米投資の規制が強化されたために，劇的な減少を記録している[8]。第2に，投資形態はM&Aが全体（1990～2019年累計）の92％と圧倒的である。第3に，投資主体はこれまで政府系投資が圧倒的であったが，2010年代半ばからは民間投資が急増しており，民間資本が76％を占める（図4-3）。第4に，投資類型としては，実物投資77％，金融投資23％と，やはり戦略的資産の取得が中心である。第5に，出資比率はマジョリティが85％にのぼり，経営支配を目的とした投資が圧倒的である。第6に，地理的には，テキサス，ニューヨーク，バージニア，イリノイ，カリフォルニアなど，米国の比較優位産業の集積地に集中している。

8）　ただし，米中両国の公式統計では，それほど急激な減少は認められない。これはロディアム・グループが企業ベースの公表データを収集・集計しているためとみられる。

図4-3　中国の対米投資

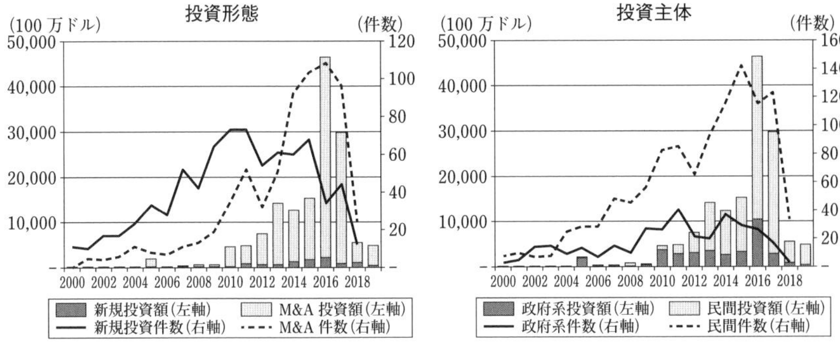

資料：Rhodium Group et al.［2020］より作成。

そこで中国企業の対米投資を産業別にみると，次のような特徴がみられる（表4-1）。第1に，政府系投資は，エネルギー・資源（セメント，銅，鉄，アルミ）分野に集中しているのに対して，民間投資は情報，自動車部品，娯楽，不動産が比較的多い。第2に，エネルギー・資源，情報，自動車部品分野は買収が中心であるが，不動産投資では新規投資が目立つ。第3に，巨額の投資額が記録されている年度があるが，これは2012年の万達集団による映画館チェーン・AMC買収（26億ドル），2013年の双匯によるスミスフィールド買収（47億ドル），2014年のレノボによるモトローラ買収（29.1億ドル）などの巨大プロジェクトの動向を反映している[9]。

なかでも，2016～2017年に中国の対米投資の急増を牽引したのは不動産投資であった。主たる投資先は，ニューヨークのマンハッタン，ロスアンゼルス，サンフランシスコなどの大都市のオフィスビルやホテルに集中した。これに加えて，大都市郊外の住宅投資が急増し，中国は2013年から最大の投資家となったが，2019年は対米投資全体の動きと同様に前年比55.9％減の大幅減に終わった（表4-2）[10]。中国の個人投資家の不動産分野における投資行動の特徴は，典型的には，カリフォルニアの都市郊外の一戸建て別荘が多く，年間の居

9）　これに先立ち2005年にはレノボによるIBMのPC部門買収（12.5億ドル）の大型買収がある。
10）　ただし，「中国」には，中国大陸，香港，台湾，および各地域出身の米国永住者が含まれる。

表 4-1 中国の産業別対米投資

（単位：100 万ドル）

	2010	2011	2012	2013	2014	2015	2016	2017	2018	2019	構成比（%）
農業・食品	31	17	19	7,116	54	129	15	158	89	11	5.2
自動車	474	214	202	56	771	915	1,026	437	645	582	3.8
航空	5	401	162	84	17	67	–	62	–	–	0.5
金属	213	241	287	306	289	403	471	89	428	17	1.9
消費財	52	151	25	209	101	126	5,651	41	525	2,540	6.6
電子	13	68	96	47	57	349	4,244	228	26	38	3.5
エネルギー	2,765	1,860	2,957	3,613	337	1,556	17	35	90	–	9.1
娯楽	4	–	2,672	2	151	1,133	4,780	524	840	10	6.8
金融･ビジネス	182	38	247	10	134	3,018	1,925	1,324	241	54	5.0
健康・バイオ	126	141	28	275	1,010	900	1,028	2,546	1,450	444	5.6
情報通信	222	535	466	322	5,876	1,293	3,295	2,533	217	50	11.4
産業機械	218	23	45	15	44	214	207	88	362	459	1.3
不動産	218	954	195	2,219	3,928	4,749	16,928	10,965	377	578	27.7
輸送･インフラ	44	208	155	48	9	1	6,042	10,405	100	–	11.5
合計	4,567	4,851	7,556	14,322	12,778	14,853	45,629	29,435	5,390	4,783	100.0

注：構成比（%）はデータが取得できる 2000〜2019 年の累計。
資料：Rhodium Group［2020］より作成。

住期間は半年以下，そして物件の平均単価は外国人投資家の購入平均額よりも 6 割程度高く，しかもその大半が現金購入であるという（Yun and Cororaton［2019］）。また中国の個人投資家による不動産投資は，同時に米国移民のための EB-5 ビザ取得が目的とされている。これは 50 万〜100 万ドルの投資を行うことにより，米国の永住権（グリーンカード）が取得できるプログラムであり，年間 1 万人の枠が設定されている。このプログラムが中国の個人投資家による対米住宅投資ブームに火をつけ，2014 年 1 月〜8 月には，EB-5 ビザ取得者の実に 85% が中国人となった（Koch-Weser and Ditz［2015］）[11)]。

11）　中国の個人投資家による不動産投資のもうひとつのターゲットがオーストラリアである。2017/18 年度の中国（香港・台湾を除く）のオーストラリア向け投資は，外国投資家による対内投資全体の 15.3% を占めるが，その過半（53.5%）が不動産投資である（FIRB［2019］）。ここでも移住・移民のための不動産投資という構図がみられる。

表 4-2　米国住宅市場の外国人販売額

（単位：億ドル）

	合計	中国	（%）	カナダ	インド	メキシコ	英国
2010	660	112	17.0	171	50	65	121
2011	664	70	10.5	131	51	42	65
2012	825	120	14.5	159	52	65	44
2013	682	128	18.8	118	39	36	42
2014	922	220	23.9	138	58	45	58
2015	1,039	281	27.0	114	79	49	39
2016	1,026	273	26.6	89	61	48	55
2017	1,530	317	20.7	190	78	93	96
2018	1,210	304	25.1	105	72	42	73
2019	779	134	17.2	80	69	23	38

資料：Yun and Cororaton［2019］.

第 2 節　対米投資促進・懸念要因

1. 対米投資の促進要因

一般に企業の対外投資の目的としては，海外生産における資源，市場，効率，戦略的資源の追求，またその他の目的として，規制・政策回避型投資，日本の商社のような支援型投資，評価益を目的とした間接投資に近い受動的投資などが知られている（Dunning［1993］）。中国の対米投資が，これら複合的な投資目的に基づいて実施されていることはいうまでもない。ただ，2010 年代に入り対米投資が急増した背景には，中国経済・産業・企業を取り巻く環境に重大な変化が起きたことを物語っている。

第 1 に，中国政府が目指す発展方式の転換に伴い，潤沢な外貨準備の本格的な運用，投資対象の多様化が始まった。マクロ的には経常収支と資本収支の「双子の黒字」のもとで，中国の過剰貯蓄は主に米国債で運用されてきた。2000 年代の 5 年連続の 2 桁成長にもかかわらず，国内の投資機会が限定されていたこともあり，また「走出去」（対外進出）政策[12] の展開に伴う支援策も

12）「走出去」政策については，大橋［2008］を参照。

あり，実物資産へと投資対象も多元化した。国策としての途上国でのエネルギー・資源追求型投資に加えて，企業レベルでは先進国の技術・ブランドといった戦略的資産の取得を目的とした対外投資が本格化した。

第2に，リーマンショック後の米国の資産価値の下落，折からの人民元高もあり，中国企業の米国企業・資産の取得が本格化した[13]。まず戦略的新興産業の振興策に基づき，また“made in China”＝低価格・低品質イメージからの脱却，さらにはキャッチアップ期間の短縮化を目的として，中国企業は先進技術やブランド取得に奔走した。しかも米国市場でのプレゼンスの上昇は，単なる販売促進にとどまらず，国際市場における地位向上，信認獲得にも直結する。いずれの目的にせよ，対米投資では経営が悪化した米国企業が標的にされ，折からの人民元高のもとで相対的に低価格での取得が可能となった。同様の目的から，上述したように，対米不動産投資も急増したが，不動産投資では中国では認められない私的所有権の付与も重要な誘因となった。

第3に，米国側の投資誘致の姿勢も，中国の対米投資の促進要因となった。これまで連邦政府が中国の対米投資に比較的中立的な立場をとってきたのに対して，各州政府は雇用拡大や地域経済活性化への期待から，中国企業を熱心に誘致した。現状では，中国企業の対米投資に伴う雇用拡大はいまだ限定的である。また新規投資に対する期待の大きさと比べると，M&Aに対してはかなり警戒的な姿勢がみられる。もちろん，中国企業が取得した米国企業は，中国本社とは独立した組織とし，企業名は変更せず，経営陣・従業員は現状維持とし，工場の閉鎖もしないなど，従来通りの自主性・独立性が尊重される事例が一般的である。しかし，新たに取得した米国企業の生産設備を中国に持ち帰ることだけを目的とした中国企業の投資に対しては，きわめて厳しい批判が向けられている。

このほか，鉄鋼などの過剰生産能力を抱えた中国企業のなかには，貿易摩擦

13）そのため中国企業の間で外国企業の買収ブームが起こり，中国企業間の「不健全な競争」を防止するために，国有資産監督管理委員会と商務部とが「走出去」の規範化に向けて「協作備忘録」を交わしている（『新華網』2011年8月23日）。また2019年9月に成立した「全球境外中資企業商（協）会聯席会議」にも，その「調整役」としての役割が期待されている（『人民日報（海外版）』2019年9月13日）。

の回避を目的として対米投資に踏み切る企業，また中国の国内規制を嫌って対米投資に踏み切る企業など，規制回避型投資は引き続き存在する。

2. 中国投資に対する懸念

中国企業の対米投資の増加に伴い，米国社会では，そのオーバープレゼンスを問題視する動きや，中国企業に対する批判や警戒感が急速に高まっている。この点で常に比較の対象とされるのが，バブル期の日本企業の対米投資である[14)]。

日本企業の対米投資は1980～1990年に10億ドルから200億ドルに急増した。そして日本企業によるハリウッド・スタジオやロックフェラーセンターの買収時には，米国の「魂」を買収したとの批判が高まった。当時の日本企業と2010年代の中国企業の対米投資には，ある種の共通点がみられる。米国は両国に対して巨額の貿易赤字を抱えており，為替レートや政府補助金に対する批判が繰り返しなされた。また急速な「追い上げ」は米国的生活様式に対する脅威として認識され，ビジネス慣習や企業文化の異質性が強調された。さらにその背後には，人種や文化的偏見，そして第二次世界大戦や共産革命に端を発する歴史的な不信感が潜在的に存在した。

ただし，日本の対米投資に対する批判や警戒感は，その後，急速に姿を消すこととなった。第1に，日本のバブル崩壊に伴い，日本に対する米国の経済的「脅威」認識が著しく低下した。IT革命のもとに米国経済が復活し，冷戦の「勝利」のもとで，米国は自信を回復した。第2に，米国社会も日本企業の対米投資パターンやビジネス慣習に徐々に順応するようになり，英国に次ぐ対米投資国である日本の企業ブランドも定着した。第3に，日本企業の米国経済・社会に対する寄与も高く評価されるようになった。2017年に日本企業の全米雇用者数は88.5万人，輸出額は953億ドル，研究開発（R&D）投資は88億ドルにのぼり，資産や売上高をとってみても，すでに米国社会ではカナダ，英国，ドイツ，フランス企業を上回り，外国企業として最大のプレゼンスを確立している（*Survey of Current Business*, December 2019）。

14）以下の記述の具体的数値は，Princeton Task Force［2011］,［2013］による。

これに対して，中国企業，さらには中国に対する警戒感はきわめて根強い。まず日本が民主主義体制の市場経済国であるのに対して，中国はいまなお共産党が指導する独裁国家であり，国家統制のもとで国有企業が対米投資の一翼を担っている。技術移転に関しては，日米間では双方向の移転がなされているのに対して，米中間では米国から中国への「一方通行」が続いている。しかも中国は「ならず者国家」（rogue state）と緊密な関係を有している。軍事転用可能な「両用技術」（dual-use technology）の移転・拡散に繋がる可能性もあり，米国の安全保障上の脅威にもなりかねない。このような中国企業の対米投資に対する認識は，中国政府・企業の対応次第で大きく変化する可能性があるとはいえ，貿易摩擦の最中にあっては，対中認識が好転する余地はかなり限られている。

第3節　対米投資規制の枠組み

1．証券取引委員会（SEC）

中国企業の対米投資の増加は，米国の外国投資規制にも多大な影響を及ぼしている。従来から米国は外国投資に対してきわめてオープンな姿勢をとってきたが，外国投資に関しては複数の省庁による投資規制が存在する。その代表的な規制主体が証券取引委員会（SEC）と外国投資委員会（CFIUS）である[15]。

SEC規制は投資家のディスクロージャーを主たる目的としている。情報公開を義務づけた1933年証券法，虚偽・不当・詐欺行為を禁じた1934年証券取

15）　このほか，やや副次的であるが，対米投資には次のような規制がある（Szamosszegi［2012］）。
(1)ハート・スコット＝ロディノ反トラスト改正法（Hart Scott-Rodino Antitrust Improvements Act of 1976）：合併事前届出提出義務。
(2)連邦海外腐敗行為防止法（Foreign Corrupt Practices Act of 1977: FCPA）：外国公務員に対する賄賂禁止規定。
(3)1934年証券取引法（Securities Exchange Act of 1934）：会計透明性規定。
(4)米国輸出規則（EAR：Export Administration Regulations）：「両用技術」輸出規制。
(5)国際兵器取引規則（ITAR：International Traffic in Arms Regulations）：兵器移転規制。
(6)外国資産管理法（OFAC：Office of Foreign Assets Control）：安全保障上の脅威として指定された国，法人などをSDN（Specially Designated Nationals and Blocked Persons）リストとして公表し，保有資産を凍結。

引法，またウォール街改革及び消費者保護法，いわゆるドッド＝フランク法（2010 年 7 月大統領署名）も，外国企業の対米投資に影響を及ぼしており，内外投資家に対しては数多くのディスクロージャー規制への対応が求められている。たとえば，議決権付証券を 10% 保有する外国投資家，あるいは最終的実質所有者（UBO）はインサイダーとして，また外国投資家が政府系投資ファンド（SWF）の場合も，追加的な情報公開が求められる。

中国企業の対米投資で焦点のひとつが，いわゆるペーパーカンパニーを含む既存の上場企業の買収により米国市場への上場を実現する裏口上場（reverse merger/back door listing）である。その主たる目的は，新規株式公開（IPO）に伴う煩雑な審査，ディスクロージャーの回避である。米国市場に上場している中国企業の虚偽報告が問題となった 2011 年 11 月に SEC は新ルールを設定し，裏口上場企業に対しては，1 年間の吟味機関を設け，1 年間の米国店頭市場での公開取引，ナスダック，ニューヨーク証券取引所（NYSE），旧アメックス証券取引所（NYSE Amex）上場希望企業の財務報告に対する監査義務，最低限の入札価格の維持が求められるようになった。

このほか，外国投資に対する制限事項として，たとえば，1934 年通信法は放送，輸送，航空通信に対する 20% の所有権制限を設けており，銀行業では連邦準備制度理事会（FRB）の審査が求められるなど，個別業法でも各々の産業分野への投資が制限されている場合がある。

2. 外国投資委員会（CFIUS）

CFIUS 規制は，安全保障を脅かす外国企業による米国企業の支配を制限するために設けられた規制である。従来は「1950 年国防生産法」721 条を修正した「1988 年包括通商競争力法」5021 条，いわゆるエクソン＝フロリオ（Exon-Florio）修正条項が，この規制の中心的な立法措置であった。しかし，2000 年代半ばの 2 つの外国企業による買収案件が，安全保障を目的とする外国投資規制強化の契機となった。

ひとつは，2005 年の中国海洋石油公司（CNOOC）によるユノカル買収提案である。ユノカルの所有する戦略物資である石油資源やレアアース，また深海探査・掘削技術などの軍事転用可能な「両用技術」が共産党政権下の国有企業の手に渡ることに対して，米国議会で反発が噴出し，CNOOC は買収提案を撤回した（大橋［2005］）。

もうひとつは，2006 年のアラブ首長国連邦（UAE）の国有企業であるドバイ・ポート・ワールド（DPW）による P&O マリタイム・サービス（P&O）の買収である。P&O が米国の主要 6 港湾でコンテナターミナルを運営していたために，DPW による P&O 買収に米国議会が激しく反発し，DPW は撤退を余儀なくされた。

いずれのケースも，米国の安全保障に対する脅威とみなされ，議会を中心に外国投資による買収規制を強化する動きが加速化した16)。こうして「2007 年外国投資及び国家安全保障法」（FINSA）が立法化され，CFIUS による外国企業による米国企業の買収契約の審査手続きが強化された17)。

FINSA では，「国家安全」を「国土安全」（homeland security）と「重要なインフラ」（死活的システム・資産）の保障と定義しているが，必ずしも明確な審査基準が設けられているわけではない18)。CFIUS の審査は，まず外国投資家が FINSA 対象となる懸念を有する買収案件を任意に届け出る「通知」（Notice）から始まる。その後，⑴予備審査の「レビュー」（review），⑵本格審査の「調査」（investigation），⑶買収禁止の是非に関する「大統領判断」（action by the President）という審査プロセスが設けられている。

この「通知」は FINSA 立法化前後から増加し始めて 100 件台となり，トランプ政権成立後は 200 件台に急増した。「通知」件数を国・地域別にみると，中国企業の「通知」が急増したのはまさに FINSA 立法化以後であり，2012 年以後は最大の「通知」件数が続いている（表 4-3）。また中国企業の「通知」（2016～2018 年）を産業別にみると，⑴製造業 84 件，⑵金融・情報・サービス 58 件，⑶卸小売・運輸 11 件，⑷鉱業・建設 16 件であり，「通知」全体では⑴製造業 230 件，⑵金融・情報・サービス 262 件と後者が最大項目になっている

16）　中国では，米国政府による CFIUS の規制強化を「投資保護主義」とも呼んでいる（黄河・華瓊飛［2014］）。

17）　その施行規則（政令）は，「外国人による合併，買収に関する規則」（Regulations Pertaining to Mergers, Acquisitions, and Takeover by Foreign Persons, Final Rule）（2008 年 12 月 23 日）である。

18）　2013 年の全国人民代表大会の記者会見では，陳徳銘商務部長（当時）が，米国の国家安全審査の透明性を高めるように求めている（*Reuters*, March 8, 2013）。

表 4-3　CFIUS の国・地域別「通知」件数

2007		2008		2009		2010		2011		2012	
英国	33	英国	48	英国	17	英国	26	英国	25	中国	23
カナダ	21	フランス	12	カナダ	9	カナダ	9	フランス	14	英国	17
UAE	10	イスラエル	12	フランス	7	日本	7	中国	10	カナダ	13
オーストラリア	9	オーストラリア	11	イスラエル	5	イスラエル	7	カナダ	9	日本	9
オランダ	7	ロシア	8	オランダ	5	中国	6	オランダ	7	フランス	8
フランス	7	日本	8	中国	4	フランス	6	日本	7	オランダ	6
イスラエル	6	中国	6	日本	4	スウェーデン	5	スウェーデン	6	スイス	5
ドイツ	6	カナダ	6	スウェーデン	3	ロシア	4	イスラエル	6	イスラエル	4
スペイン	6	イタリア	5	イタリア	2	オーストラリア	3	オーストラリア	4	インド	4
スイス	6	スイス	4	UAE	2	イタリア	3	スペイン	4	ドイツ	4
		レバノン	4	クウェート	2	スペイン	3				
合計	138	合計	155	合計	65	合計	93	合計	111	合計	114

2013		2014		2015		2016		2017		2018	
中国	21	中国	24	中国	29	中国	54	中国	60	中国	55
日本	18	英国	21	カナダ	22	カナダ	22	カナダ	22	日本	31
カナダ	12	カナダ	15	英国	19	日本	13	日本	20	カナダ	29
フランス	7	日本	10	日本	12	フランス	8	英国	18	フランス	21
イギリス	7	ドイツ	9	ケイマン	8	英国	7	フランス	14	ドイツ	12
ドイツ	4	オランダ	8	フランス	8	英バージン諸島	6	ケイマン	8	スウェーデン	9
シンガポール	3	韓国	7	オランダ	5	韓国	6	ドイツ	7	ロシア	6
スイス	3	スイス	7	オーストラリア	4	ドイツ	6	オランダ	7	イスラエル	5
メキシコ	2	フランス	6	イスラエル	3	ケイマン	5	スイス	7	オランダ	5
サウジアラビア	2	香港	6	シンガポール	3	オーストラリア	4	韓国	6	シンガポール	5
スウェーデン	2	シンガポール	6	スウェーデン	3			スウェーデン	6	英国	5
UAE	2										
合計	97	合計	147	合計	143	合計	172	合計	237	合計	229

資料：CFIUS, *Annual Report to Congress* 各年版より作成。

のに対して，中国企業の場合には，やはり製造業の対米投資，なかでも米国企業の買収が焦点となっている（CFIUS [2020]）。

第4節　中国の対米投資の争点

1．安全保障

中国企業の対米投資の増加に伴い，投資トラブル案件が増加している。China Global Investment Tracker（CGIT）は，中国企業の対外投資のトラブル案件も収録している。これによると，中国企業の対米投資は，リオ・ティントに対する大型出資案件の頓挫を含むオーストラリア向け投資に次いで多くのトラブル案件を抱えている（表4-4）。

もっとも，トラブル案件の中心は国家開発銀行，中信集団（CITIC），国家外貨管理局（SAFE），中国投資公司（CIC），民生銀行などの政府系金融機関・投資ファンドによる巨額の金融投資プロジェクトである。しかし金融関連の案件以外にも，撤回を迫られた中国企業の対米投資は数多く存在する。中国企業の対米投資が撤回にいたる直接の契機は，主に安全保障上の理由による。Moran [2009] は，これを「重大な供給」(critical supply)，「技術漏洩」(technology leakage)，「潜入，監視，破壊」(infiltration, surveillance, or sabotage) に対する「脅威」と整理している。

安全保障上の理由に基づくCFIUSの撤回勧告では，サイバーセキュリティの分野において，中国の通信大手・華為技術（ファーウェイ）がその主たる標的となっている（U. S. House of Representatives [2012]）。2011年の華為による3Leaf Systemsの特許買収は，企業買収でないためにCFIUSへの「通知」はなされなかった。しかしその後，国防総省が安全保障上の懸念からCFIUSに審査を要求し，翌年2月にCFIUSは華為に買収撤回を勧告した（*Wall Street Journal*, February 22, 2011）。これに対して，華為は副会長兼華為（米国）会長の胡厚崑の名義で米国政府に対して公開状を発表した。ここで華為は，(1)任正非会長と人民解放軍との間には緊密な関係はない，(2)知的財産権侵害の問題はない，(3)中国政府の財務支援を受けていない，(4)米国の国家安全上の脅威ではないと反論した（胡厚崑 [2011]）。また三一重工の米国子会社（Ralls）による

表 4-4　中国企業の対米投資トラブル案件

時期	中国企業	投資額（100 万ドル）	対象企業・案件	産業分野
2005	中国海洋石油	18,000	Unocal	エネルギー
2008	国家開発銀行	2,000	Citigroup	銀行
2008	中信	1,000	Bear Stearns	投資
2008	華為	600	3Com	通信
2008	中国長城計算機	300	Iomega	技術
2008	国家外貨管理局	100	TPG	銀行
2009	A-Power Energy[1]	900	Renewable Energy Group	エネルギー
2009	民生銀行	120	UCB	銀行
2010	四川騰中重工	150	Hummer	自動車
2010	華為	480	2Wire	通信
2010	中国投資公司	690	Morgan Stanley	銀行
2010	華為	1,300	Motorola	通信
2010	華為，中興	5,000	Sprint	通信
2011	鞍山鋼鉄	170	Steel Development	鉄鋼
2012	中国卓越航空工業	1,790	Hawker Beechcraft	航空
2013	三一重工[2]	490	Terna Energy	エネルギー
2013	新華信託，中国航空工業基金［中国航空工業集団］，P3 Investment	4,230	AIG	航空
2014	中国石油化工	1,600	DKRW	エネルギー
2015	中国投資公司	1,400	J. C. Flowers	投資
2016	金沙江資本	2,800	Philips	技術
2016	紫光集団	3,780	Western Digital Corp	技術
2016	中連重科	3,400	Terex	建設
2016	三安光電	230	Global Communication Semiconductors	技術
2016	東方証券	1,280	AppLovin	通信
2016	安邦保険	780	Blackstone	観光
2016	楽視集団	1,000		自動車
2016	安徽鑫科新材料	350	Midnight Investments	娯楽
2016	中国五鉱集団	550	PDC	建設
2017	海航集団	180	Skybridge	投資
2017	万達集団	1,000	Dick Clark Productions	娯楽
2017	中国華信	280	Cowen	金融
2017	楽視集団	2,000	Vizio	テレビ
2017	安邦保険	1,570	Fidelity & Guarantee	保険
2017	海航集団	420	Global Eagle	航空
2017	伊泰資本	1,300	Lattice Semiconductor	技術
2017	藍色光標	420	—	PR
2017	中国忠旺	2,330	Aleris	アルミ
2018	阿里巴巴	1,810	Moneygram	金融
2018	国家集成電路産業投資基金	580	Xcerra	技術
2018	汎海控股	2,700	—	金融
2018	深圳能源	230	—	エネルギー
2018	中国東方資産管理	200	GlobalIP	通信
2019	北京昆崙	150	Grindr	娯楽
2019	碳雲智能	120	—	健康

注 1：英領バージン諸島。
注 2：2012 年 9 月の大統領命令は，三一重工の子会社 Ralls が買収した 4 社の売却を求めた。その後，Ralls は大統領命令の正当性を裁判所で争い，2014 年 7 月 15 日に高裁レベルで実質勝訴。
資料：CGIT［2020］より作成。

風力発電基地プロジェクトも，米軍基地に隣接しているとして撤回を求められた。中国企業とその対米投資・買収目的は総じて透明性が低く，これが米国の安全保障上の懸念と結び付けられることが多いのである。

CFIUSの審査は主に買収を対象としているが，2010年5月に発表された鞍山鋼鉄の対米投資は新規投資の撤回事例である。この事業計画に関しては，超党派の鉄鋼関連議員団（Congressional Steel Caucus）と地元企業が反対運動を展開した。ここでも反対理由として，(1)鞍山鉄鋼が中国政府の国有企業であること，(2)優遇融資の支援により優位性を発揮していること，(3)現地の雇用に影響を及ぼすこと，(4)米国の安全保障に関連するインフラ情報にアクセスする機会を得ることが挙げられている（Tang［2010］）。

2. 国有企業

中国企業の対米投資をめぐる最大の懸念材料は，FINSAが明確に規定している通り，「国家安全」への脅威である。しかし現実問題としては，対米投資企業とその背後にある中国政府との関係が問題視されることが多い。2010年代に入り，中国企業の対米投資では民間投資が爆発的に増加したが，それまでは国有企業が対米投資の中心であった。国有企業の対米投資は，民間投資と比べると，件数こそ少ないが，投資額ははるかに巨額である。この国有企業に対して，米国では次のような批判的な見解が支配的である。

第1に，中国企業の米国法人は純粋な市場アクターではなく，利益の最大化を目指すというよりは，国家目標に基づいた企業行動を優先している。主要な国有企業は，国有資産監督管理委員会の管理下にあり，しかもその最高経営責任者は中国共産党組織部が任命し，企業幹部は共産党員からリクルートされている。

第2に，米国資産の取得競争において，国有企業は民間企業と比べて，不公正な競争優位を有する。確かに国有企業，政府支配企業，政府出資企業など，中国企業は法的に明確な区別がなされている。しかし米国からみると，その差異はほとんどみられない。国有企業は低投入コスト，低金利融資，補助金，「寛大」な規制などを享受しており，国有企業としての地位は財務指標以上に優れた信用リスクの軽減手段となっている。2008年施行の「独占禁止法」（第

7条）でも，国有経済，なかでも「国民経済の命脈と国家安全にかかわる産業」,「法律に基づく独占経営産業」には,「国家が保護を与える」ことが明記されており，一部国有企業は独禁法の適用を受けないとの理解さえ存在する（加藤他[2013]）。また中国投資公司，国家外貨管理局，社会保障基金など，対米金融投資の主力も政府系投資ファンドであり，総じていえば，透明性もディスクロージャーの水準も低い。しかも国有経済は，中国輸出入銀行，国家開発銀行，輸出信用保険公司などの政府系金融機関の支援も受けており，いわば人為的にかさ上げされた競争優位を有する。

第3に，国有企業は一般に非効率，かつ増殖傾向があり，その増勢は米国経済に良い影響を及ぼさない。国有企業は透明性が低く，企業統治は確立されておらず，腐敗が蔓延する傾向もある。また中国政府の産業政策に基づく中国企業の対米投資は，経済・安全保障の両面から，米中関係に緊張をもたらす。中国企業による先進技術の取得，取得資産の中国への「持ち帰り」は，長期的にみれば,「ブーメラン効果」をもたらす可能性がある。

もちろん，中国の国有企業は政府の意向に基づいた行動パターンをとることが多いが，利益の極大化を目指す点では他の市場アクターと変わらない。また米国が中国企業に対する審査を実施するにも，中国企業に関する情報収集は容易ではなく，国有企業はその行動自体で判断すべきであるという見方もある。米国の対外通商協議では，対中関係に限らず，国有企業のあり方が必ず争点のひとつとなる。米国の国有企業に対する見方は，総じて厳しいといわざるをえない。

3. 政府補助金

中国企業の対外投資に付随する政府補助金としては，対外投資企業に対する贈与，低税率，補助金付き融資，輸出信用，債務帳消しなどの直接的な補助金に加えて，中国の金融機関による対外投資企業とその顧客に対する金融支援としての間接的な補助金がある。政府補助金は，中国の対外投資企業に競争優位をもたらす効果がある。また政府系投資ファンドによる支援も，事実上の補助金である。

上述した中国海洋石油公司（CNOOC）によるユノカル買収提案では，185億ドル（全額現金）の買収提案に先立ち，ユノカルはシェブロンによる165億ドル（現金＋株式）での買収に合意していた。CNOOCの185億ドルのうち，70億ドルは親会社の資金（うち25億ドルは無利子，残りの45億ドルは金利3.5%・償還期間30年の低利・長期融資），残りの30億ドルはゴールドマン・サックス，60億ドルが中国工商銀行からの融資であった。これに加えて，現金30億ドルの自己資金が準備され，25億ドルがユノカル株式取得，5億ドルがシェブロンへの補償に充てられる予定であった。こうして資産価値220億ドルのCNOOCが，185億ドルの買収資金を準備できたのである（Bartholomew［2005］）。

対外投資に対する政府補助金をめぐっては，これまで次のような議論が繰り返されてきた。

第1に，補助金は対外投資企業の資本コストを軽減させる。まず政府補助金は高値での国際入札を可能とし，入札を予定する中国企業にとって強力な支援材料となる。また国際取引に対して優遇融資がなされると，国内投資よりも対外投資の期待収益率が高まり，結果として対外投資を振興する効果がある。

第2に，補助金は中国政府の当該プロジェクトへの支援を意味する。政府補助金は中国の対外投資企業を支援するのみならず，プロジェクトの導入先，すなわち買い手に対する信用供与（バイヤーズ・クレジット）も含まれる。

第3に，対外投資に必ずしも直結するわけではない国有企業への補助金も，国有企業の対外投資能力を高める補助金となりうる。たとえば，しばしば指摘されてきたように，補助金がなければ多くの国有企業の実質収益はマイナスであり，その存続さえ困難である（北京天則経済研究所課題組［2011］）。また国有企業の地位を維持していること自体が，財務指標以上に優れた信用リスクの軽減手段になりうることもある。

このように中国企業は対外投資能力を高める広範な支援策，すなわち直接・間接的に補助金を享受している。しかしながら，米国市場において中国政府の補助金が中国企業に競争優位を与えているか否かを判断することは必ずしも容易ではない。後述するように，2000年代後半から，米国では輸入品の不当廉売，すなわちアンチダンピング（AD）調査に加えて，輸出国の補助金を受けた輸入品に対して，国内産業保護の観点から，補助金額の範囲内で追加関税を課すか否かを判断する相殺関税（CVD）調査が急増している。その主たる標的は中国からの輸入品であり，米国は中国政府の補助金に対して，ますます敏感に対応するようになっている[19)]。

政府補助金については，OECDが「公的輸出信用アレンジメント」として，⑴最低保険料率（ミニマム・プレミアム・レート），⑵15％の頭金，⑶最長返済・償還期間，⑷最低貸出金利といった基本枠組を提供している（日本貿易保険［2020］）。もちろん，中国はOECDの正式なメンバーではない。しかし，たとえば，エアバスに対する欧州各国の補助金への批判[20)]からも明らかなように，米国政府は政府補助金，国有企業に対する補助金相当の支援に対して，一貫して厳しい姿勢をとってきた。人民元レートの過小評価を一種の補助金とみなす議論が米国において一時期喧伝されたのも，まさに米国政府のこのような姿勢を反映したものといえよう[21)]。

4. 裏口上場

中国企業による米国企業買収のより具体的な争点として，中国企業の裏口上場が問題とされた。2001～2010年に中国企業の米国上場での裏口上場は350社以上，これは米国市場における外国企業による裏口上場の85％に相当した（Lee et al.［2014］）[22)]。

中国企業による米国市場の裏口上場に関しては，次のような問題が指摘された。

第1に，中国企業にとっては，裏口上場はIPOに要する多大な費用・時間に加えて，ディスクロージャーを回避して米国市場に参入する手段である。取得したペーパーカンパニーはホールディング企業に姿を変えることになるが，中国企業が米国の資本市場で調達した資金は主として中国国内での事業展開に用いられ，結果として，中国企業の裏口上場は米国経済にほとんど寄与してい

19）本書第6章，また大橋［2011a］を参照。

20）エアバスに対するEUの補助金は従来から米欧間の主要な争点であったが，2019年4月にUSTRは「大型民間航空機」の補助金に関する通商法301条調査に着手した。

21）2010年3月にM.ミショー下院議員ら130人の議員がT.ガイトナー財務長官とロック商務長官に書簡を送り，CVDの適用により，過小評価された人民元から米国企業を保護する必要性を訴えた（*Reuters*, June 3, 2010）。

22）裏口上場の主要企業リストは，Gammeltoft［2011］を参照。

ないことになる。裏口上場は中国における民間企業の上場や資本調達など，中国の資本市場がもつ問題点をむしろ浮き彫りにしたといえる。

第2に，米国市場への裏口上場は，中国の大型国有企業というよりは，民間中小企業，地方政府所管の中小国有企業が講じる手段である。その主たる目的は，米国での事業展開ではなく，米国の資本市場へのアクセスの確保である。確かに既上場のペーパーカンパニーは秘密裏に買収することが可能である。しかし買収後はSEC規制に従う必要がある。このように中国企業が関与する裏口上場の失敗事例が急増したことにより，裏口上場に関するSEC規制はさらに強化されることとなった。

第3に，しかしながら，中国の投資家がディスクロージャーを回避し，規制当局の監督から逃れることは基本的に不可能である。まず証券交易法上の申請義務があり，また5%以上の実質所有者に対しては購入資金，経営権支配の有無，将来計画に関するディスクロージャーの義務が課される。かりに買収に成功したとしても，米国の安全保障の利益を損なう技術の取得にはCFIUS審査などのハードルも設けられており，米国政府が重要な産業基盤とみなす戦略的資産を国有企業のような外国政府系アクターが取得することは事実上不可能である。

2011年11月にSECは，上場中国企業の虚偽報告を公表した。その後，裏口上場企業には，1年間の吟味期間の設定，1年間の米国店頭市場での公開取引，上場希望企業に対する監査義務，最低限の入札価格などが求められるようになった（SEC［2011］）。中国企業の対米投資と，米国市場が求めるルールや透明性との関係が問われる争点となった[23)]。

第5節　中国の企業行動と米国の市場秩序

1. 国有企業の先導的役割

経済体制，市場環境，企業行動のいずれをとっても，米中両国間にはかなり

23） 2020年4月に中国を代表するコーヒーチェーン店のLuckin Coffee（瑞幸咖啡）の粉飾決算が発覚し，翌5月にナスダックから上場廃止の通告を受けた。米中経済関係の緊張が高まるなかで，虚偽報告は中国企業を米国の資本市場から排除する動きの契機となっている。

大きな差異がある。その重要な接点が中国企業の対米投資であり，その増加・拡大により，米中経済関係は文字通りモノ，ヒト，カネの双方向の動きとなった。

中国企業の対米投資では，民間投資が国有企業を大きく上回っている。しかしながら，中国企業の対米投資のパイオニアは大型国有企業であり，国有企業は民間投資の先導的役割を果たしてきた。国有企業の対米投資が中国政府に認可され，米国政府からの異議もなく実施されると，それは関連分野の民間企業にとっては追随可能なゴー・サインを意味した。逆に，CNOOCの買収断念の事例が明らかになると，その衝撃は対米投資に備えていた民間投資にも及んだ。

一方，米国政府が中国企業の対米投資を制度的に抑制できるのは，安全保障上の理由に限定される。しかし米国議会を中心として，中国企業の対米投資に対する懸念は，その企業行動の背後に存在する中国の国家資本主義的な姿勢に向けられている。そのため中国政府の支配下にある国有企業のみならず，中国政府と緊密な関係にある民間企業に対しても，米国政府はきわめて慎重な対応をとることが多い。しかも，中国の対外投資では，とくにエネルギー・資源，戦略的新興産業などの分野において，「走出去」政策の一環として手厚い奨励措置が講じられている。国有・民間企業を問わず，中国政府の産業政策は，対米投資においても，米国政府の主要な関心事項である。

大型国有企業による対外投資や海外上場は，中国企業の対外投資のパイオニアであり，とくに資源・エネルギーなどの一部産業に多大な利益をもたらし，その経営基盤をさらに強固なものとした。しかし，対外投資を件数・金額ベースで捉えると，いまやその主役は明らかに民間投資である。民間企業の対外投資は，まず中国内の金融・資本市場へのアクセスが困難なことによるオフショア・ファイナンシングや各種国内規制を回避するための対外投資から，比較優位を喪失した「夕陽産業」の産業移転，さらには収益性と私的所有権の保護を目的とした個人のビジネス移民や不動産投資までが含まれる。ここから想定される民間企業の対外投資は，大型国有企業のアグレッシブな対外投資とはかなり異なる。慎重かつリスクに敏感であり，私有財産の保護を最優先し，自らの行動に何重もの保険をかけるような民間企業の対外投資である。このように中国企業の対外投資には，大型国有企業と中小民間企業といったように，投資主体による二面性がある。

2. 熾烈な市場競争とルールへの不適合

改革開放期の中国では経済成長が主要な目標とされてきた。しかし，その実現方法は市場アクターに委ねられ，目標達成のために熾烈な市場競争が展開されてきた。中国内において国有企業による寡占や過当競争が歴然と存在することを前提とすれば，外国市場への参入は多くの中国企業にとっては重要なサバイバル戦略でもある。また熾烈な市場競争を勝ち抜くためには，M&Aによる戦略的資産の取得が競争優位を確保するための有力な手段となる。中国企業の対米投資では，キャッチアップのための戦略的資産の取得を目的としたM&Aが圧倒的比率を占めている。とくにリーマンショック後は，米国の資産価格の下落もあり，中国企業によるM&Aはさらに活発化した。また国有企業の対米投資では，その動機が政府目標の実現であるのか，企業利益の追求であるのかが大きな争点であるが，中国政府が振興する戦略的新興産業に関しては，両者の利益は見事に一致する。

ところが，対米投資にみられる中国企業の行動パターン，たとえば，裏口上場による米国市場への参入や資金調達，また米国の貿易制限措置の回避や中国の過剰生産能力の解消を目的とした中国企業の対米投資は，米国の経済秩序やビジネス慣行からみる限り，かなり異質な企業行動である。中国経済が政府主導の国家資本主義に特徴づけられるとしても，熾烈な市場競争が展開されているとの認識は米国でも共有されている。ところが，熾烈な市場競争を律するオープンなルールはいまだに確立されていない。中国型の市場競争は，平等，公平，透明性を重視する米国型市場ルールとの整合性を欠いており，大多数の中国企業にとって，社会貢献，社会的責任（CSR），フィランソロピーなどは，いまだに検討課題のままである。

米中経済関係の重要な構成要素である中国企業の対米投資は，多くの米国企業，さらには米国市民が，中国経済・企業に対して強い「違和感」を覚える契機となり，「米中貿易戦争」の下地を構成することとなった。

Book review

SEPTEMBER 2020

９月の新刊

勁草書房
〒112－0005 東京都文京区水道２－１－１
営業部 03－3814－6861 FAX 03－3814－6854
ホームページでも情報発信中。ぜひご覧ください。
http://www.keisoshobo.co.jp

表示価格には消費税は含まれておりません。

達成としての知識
認識的規範性に対する徳理論的アプローチ

ジョン・グレコ 著
上枝美典 訳

知識とは能力に基づいた成功という意味での達成である――知識の本性をめぐるこの主張を擁護し、認識論の数々の難問への回答を示す。

A5 判上製 320 頁　本体 4500 円
ISBN978－4－326－10284－6

B.F. スキナー重要論文集 II
行動の哲学と科学を樹てる

B. F. スキナー 著
スキナー著作刊行会 編訳

スキナーの哲学と研究の方法論を理解するために重要な論文を吟味して集成。本邦初翻訳の９本と、３本の新訳による、論文集第２巻。

A5 判上製 320 頁　本体 4000 円
ISBN978－4－326－25143－8

子どもの学びと成長を追う
２万組の親子パネル調査から

東京大学社会科学研究所・

基礎から学ぶ産業・組織心理学

幸田達郎

勁草書房

http://www.keisoshobo.co.jp

9月の新刊

ロヒール・ヴァン・デル・ウェイデン

情動と優美のフランドル画家

岡部紘三

文豪ゲーテが「この絵画一点でも私の全詩作に優る」と讃えたウェイデンの絵。その生涯と真作および工房作品について解説する。

A5 判上製 448 頁　本体 6000 円

ISBN978-4-326-80062-9

9月の重

けいそうブックス
実践・倫理学
現代の問題を考えるために
児玉 聡

判断の難しい現代

消費者心理学
山田一成・池内裕美 編著

商品選択から買い

心理学，認知・行動科学のための反応時間ハンドブック
綾部早穂・井関龍太・熊田孝恒 編

「豹変する心」の現象学
精神科臨床の現場から
大饗広之

ISBN978-4-326-25145-2

A5 判並製 308 頁　本体 2700 円
ISBN978-4-326-25146-9

民法基本判例集［第四版］

遠藤 浩・川井 健・
民法判例研究同人会 編

ダットサン民法に対応した判例学習の決定版。旧版を抜本的に刷新、民法全編 452 件の重要判例を事実と判旨のみでコンパクトに収録。

四六判並製 576 頁　本体 2500 円
ISBN978-4-326-45122-7

企業組織の経済分析

松本直樹

ゲーム理論を基礎から学ぼうとする読者を対象にした企業理論のテキスト。ゲーム理論と企業理論の関連した部分をセットで提供する。

A5 判上製 336 頁　本体 3200 円
ISBN978-4-326-50474-9

「高齢ニッポン」をどう捉えるか

予防医療・介護・福祉・年金

浜田陽太郎

悲惨なエピソードの消費に流れがちな「高齢ニッポン」の話題をどう捉え、建設的な議論につなげるか。社会保障のメディアリテラシー。

四六判並製 288 頁　本体 2200 円
ISBN978-4-326-65426-0

コロナ危機後の医療・社会保障改革

二木 立

2019・20 年の医療・社会保障関連の主な閣議決定と政府・厚労省文書を読み解き、コロナ危機後の医療と医療政策の今後を展望。

A5 判上製 240 頁　本体 2300 円
ISBN978-4-326-70116-2

【付表】中国の対外投資データ

＜中国の対外投資データ＞

発表（調査）機関	データベース	対象・範囲
(1)商務部，国家統計局，国家外貨管理局（中国統計出版社）	中国対外直接投資統計公報	2003年版以後。商務部ホームページの統計は非金融分野限定。
(2)United Nations Conference on Trade and Development（UNCTAD）	World Investment Report（WIR）	各国の国際収支表がベース。
(3)中国国際貿易促進委員会（清華大学公共管理学院産業発展環境治理中心） Asia Pacific Foundation of Canada（Jack Austin Centre for Asia Pacific Business Studies at Simon Fraser University）	中国企業海外投資及経営状況調査報告 China Goes Global	2007年以後，実施されているアンケート調査。3,000社発送・1,056社回答（2013年版）。
(4)中国対外投資和経済合作網	境外投資企業（機構）名録	1970年以後の中国企業の海外法人・支店35,532件（2015年1月26日現在）。投資額等の金額表示データなし。
(5)Tomoo Marukawa, Asei Ito, and Yongqi Zhang ed. Institute of Social Science, University of Tokyo	China's Outward Foreign Direct Investment Data	上記（4）のうち，1970～2013年の28,542件を整理したデータ集。
(6)商務部	中国対外投資合作発展报告	上記(1)に基づく分析。同様の分析としては，李桂芳編『中国企業対外直接投資分析報告』中国人民大学出版社のほか，対外経済分野と企業分野の年度報告で「走出去」が取り扱われている。

＜中国の対外投資受入データ＞

発表（調査）機関	データベース	対象・範囲
(1)International Monetary Fund（IMF）	Coordinated Direct Investment Survey（CDIS）	CDIS加盟国110ヵ国（2013年末，データ未報告国を含む）。2009年末以後の期末残高。報告国およびそのカウンターパートのMirror Dataにより不一致・誤差の把握が可能。ただし，中国は対外投資データを未報告。
(2)American Enterprise Institute and Heritage Foundation	China Global Investment Tracker	2005年1月以後の1億ドル以上の非債券投資。1億ドル以上のエンジニアリング・建設プロジェクトを含む。
(3)A-Capital	Dragon Index	M&A取引。
(4)European Commission（TAC）	ChinaObs fdiMonitor	2007年以後のM&A・新規（green field）取引。欧州中心。
(5)Antwerp Management School	Euro-China Investment Report	中国企業。欧州中心。
(6)University of Sydney	Demystifying Chinese Investment	M&A取引。オーストラリア中心。
(7)Rhodium Group	China Investment Monitor	M&A・新規（green field）取引。欧米中心。
(8)China Investment Research, Grisons Peak	China Outbound Investments	2008年以後の国・地域別／産業別対外投資。プロジェクト・ベース。

資料：筆者作成。

第５章　技術・知的財産をめぐる米中関係

第１節　中国経済の構造転換

1．通商法 301 条調査の問題提起

トランプ政権が 2017 年 8 月に指示した通商法 301 条調査では，中国の，(1)強制的な技術移転，(2)差別的な法規，(3)産業政策，(4)技術・知的財産の窃取が問題として取り上げられた。2018 年 9 月に中国が発表した「中米経済貿易摩擦」に関する「白書」では，上述したように，米中貿易不均衡の原因を分析し，およそ WTO 体制では受け入れられそうにない米国の単独主義的な通商政策・貿易慣行を取り上げて，米国の 301 条調査に対する反論がなされた（国務院新聞弁公室［2018］）。しかし 301 条調査が主として取り上げたのは，モノの貿易に関する米中貿易不均衡問題ではなかった（USTR［2018c］,［2018d］）。

米国の技術・知的財産に関する対中批判に対して，中国の「白書」は必ずしも明確な回答を寄せているわけではなく，「中国政府は外国投資企業に技術移転を強制する政策や実践を導入したことは一度もない」と反論するのみである。その後，中国側の責任により米中協議が「後退」したとの米国側の批判に反論すべく，2019 年 6 月に発表された中国側の「白書」の第 2 弾「中米経済貿易協議における中国の立場」でも同様のスタンスがみられる。ここでも，「中国の科学技術の創新は，盗んだものでもなければ，奪い取ったものでもなく，自力更生，刻苦奮闘によるものであり，中国が知的財産を『窃取』したとか，技術移転を強制したとかの非難は事実無根である」という点が再度強調されている（国務院新聞弁公室［2019］）。

政権成立以前から対中強硬路線を主張しきたトランプ政権は，米中経済関係

図 5-1　中国の経済成長率と需要項目別寄与度

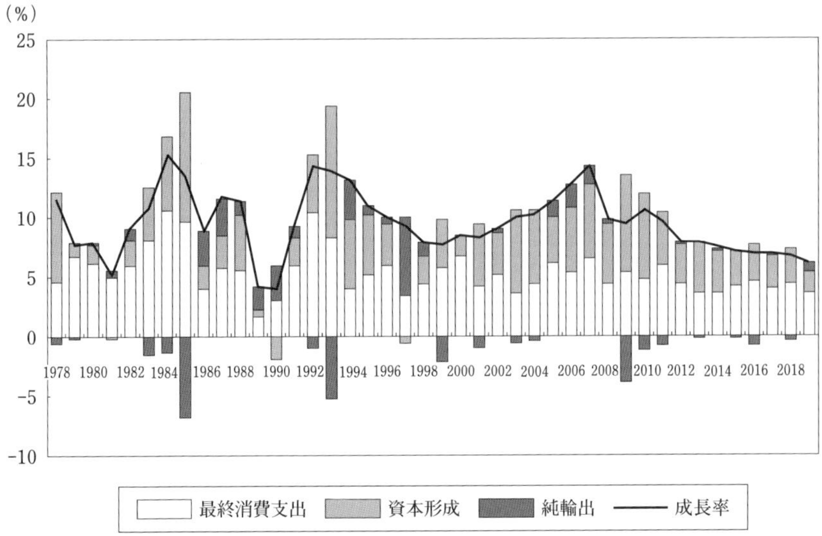

資料：『中国統計年鑑』各年版より作成。

を単なる通商問題として捉えておらず，広く安全保障の一環として認識しており，米国の安全保障の確保を可能にする「技術覇権」をめぐる競争のレベルにまで引き上げて，中国との「貿易戦争」に臨んだのである。

2. 発展方式の転換

中国が技術・知的財産を重視するようになったのは，中国経済の構造転換にあわせた動きといえよう。改革開放後の「高速度成長」が終焉を迎えた2000年代半ばから，中国では発展方式の転換が強調されるようになった。習近平政権はポスト・「高速度成長」期の中国経済を「新常態」と呼んでいる。そのもっとも顕著な特徴は，6%～7% の「中速度」の経済成長である（図 5-1）。同時に，リーマンショック後，外需の成長寄与はマイナス，あるいはほぼなくなった。経済成長への寄与でみる限り，投資にかわって，消費が中国経済の原動力となっており，近年の成長パターンの変容は，まさに中国政府の狙い通り内需・消費主導型成長に向かっている。しかし肝心の消費は，かつて投資が経済

図5-2　中国経済の投資効率の推移

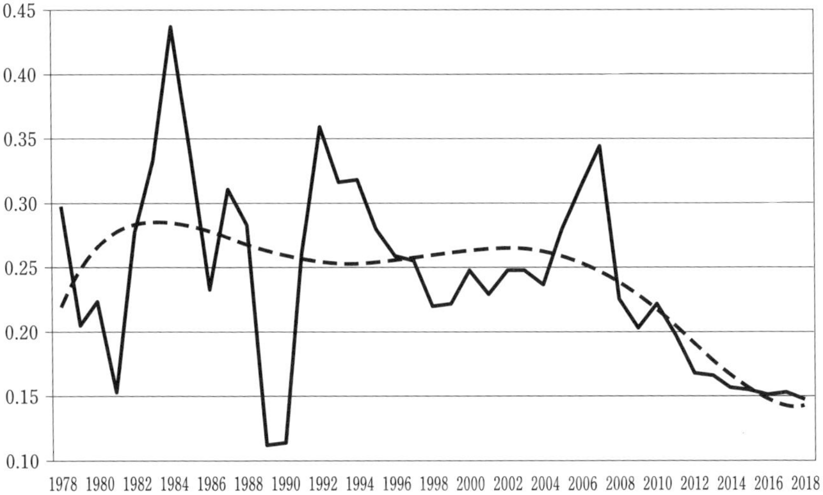

注：経済成長率（$\Delta Y/Y$）＝投資率（I/Y）×投資効率（$\Delta Y/I$）
　したがって，投資効率（$\Delta Y/I$）＝（$\Delta Y/Y$）/（I/Y）
　破線はトレンド曲線。
資料：『中国統計年鑑』各年版より作成。

成長に寄与したほどの爆発的な力強さを持ち合わせているわけではない。

成長パターンの転換を促したのは，中国経済の生産性・効率の趨勢的な劣化にある。改革開放期を通して，投資主導の「粗放型成長」が目覚ましいパフォーマンスをもたらしたことは周知の通りである。しかし投資資源には限界がある以上，未来永劫この成長パターンを追求することは不可能である。しかも「粗放型成長」を続け，相対的に高い成長率を目指すとすれば，さらなる投資が求められ，結果として投資効率は大幅に悪化することになる。中国の投資効率の推移を一見すれば，この傾向は明らかである（図5-2）。

もっとも，投資効率の悪化は，中国の経済構造そのものに問題があるというよりは，改革開放期を通して高成長をもたらした外延的成長の余地が，もはやなくなってきたとみる方が適切であろう。改革開放初期の労働集約型製造業のように，比較的小規模な投資により，短期間内に一定のリターンが見込める投資分野は，もはや中国では見出すことが困難になっている。このような局面に差し掛かった中国では，2000年代半ばから，生産性の上昇や経済効率の改善をより重視する「集約型成長」への転換が求められるようになった。その結果，経済効率の劣化に直面した中国では，成長の源泉をイノベーションに求める動きが強まっている。

3.「新常態」の背景

「新常態」と呼ばれる時期を迎える頃になると，中国経済を取り巻く環境にも大きな変化がみられるようになった。まず中国経済はもはや高成長を追求すればよい時期ではなくなった。急速な経済成長にはさまざまな格差が伴うのは，ある程度まで不可避な現象である。近年の社会保障制度の整備にみられるように，中国経済は成長と再分配を同時に追求し，社会の幅広い層に利益をもたらす包摂的な成長を目指す時期を迎えている。

もとより中国では，2012年に「生産年齢人口」が建国以来初めて前年を下回り，高成長の大前提となる人口ボーナス期の終焉が迫っていることが明らかとなった。2015年10月に中国政府は一人っ子政策の緩和に踏み切った。しかし時すでに遅く，一定の所得水準に達した中国において，より多くの子供を持とうとする家庭は限定的であり，これまでのところ一人っ子政策の廃止が人口動態に及ぼす影響はほとんどみられない。

人口オーナス期に入った中国では，「無制限の労働供給」といわれた豊富な労働力，低廉な労働力が姿を消した。A.ルイスの二重経済論で知られるように，中国でも農村部門の過剰労働力が枯渇する兆候が2000年代の半ばから顕在化し，早くも2004年には珠江デルタから労働力不足（「民工荒」）の声があがり始めた[1)]。人手不足は賃金上昇を加速化させた。賃金高騰が労働分配率の上昇・改善を通して厚生水準の上昇や格差の是正に寄与するとしても，労働集約的産業の国際競争力の大幅な低下は不可避である。たとえば，製造業における一般ワーカーやサービス業の一般スタッフは別として，マネージャーやエンジニア・クラスの賃金・コストを比較すると，すでに上海は台北に匹敵するか，産業によってはそれを上回る水準に達している（日本貿易振興機構［2018］，

---

1) 中国における「ルイス転換点」については，南他［2013］，蔡昉［2019］を参照。

[2019a])。

対外的には，中国経済の構造転換と軌を一にして，世界貿易が拡大局面から停滞局面に移行している。リーマンショック以後，貿易量の拡大ペースが世界の経済成長率と比べて伸び悩む現象＝「スロー・トレード」がしばしば指摘されている2)。その原因はとても循環的な要因だけでは説明できそうにはなく，構造的な要因を含む複合的な現象であるとみられる。また中国経済や新興国経済の減速により，21世紀初頭に高騰した一次産品価格も低迷期を迎えた。さらに国際金融の分野では，量的緩和（QE）の出口戦略が模索され始めた時期と中国経済の転換期とがオーバーラップした。このような内外環境の変化が，中国経済・産業構造の抜本的な転換を迫る契機となったのである。

第2節　中国のイノベーション政策

1. イノベーション主導型成長の推進

高貯蓄・高投資・高成長の発展方式からの転換を求める中国では，成長の源泉を「技術進歩」に求める動きが強まっている。2014年に李克強首相が「大衆創業・万衆創新」を提唱し，これが2015年の全国人民代表大会の政治報告に盛り込まれると，同年6月に国務院から「大衆創業・万衆創新の推進に関する若干政策措置の意見」が公布され，国を挙げてのイノベーション，スタートアップの活動が始まった。このイノベーション主導型成長の鍵を握るのが技術であり，知的財産なのである。

中国が技術力の高度化を目指す動きとして，米国の通商法301条報告書（USTR [2018c]）は，中国の3つの具体的な産業政策を取り上げている。

第1は，中国のイノベーション主導型成長への転換点となった「国家中長期科学技術発展計画要綱（2006-2020）」（2005年12月）である。改革開放四半世紀を経た頃から，中国では，工業製品の世界最大の生産・輸出国になったにもかかわらず，上述したアップル社のiPhone生産の事例のように，外国企業に対する中核部品の代金や特許使用料の支払いを控除すると，中国企業が手にす

2）「スロー・トレード」については，高富他［2016］を参照。

表5-1　製造業の主要目標（2020〜2025年）

	2013	2015	2020	2025
製造業研究開発費/売上（%）	0.88	0.95	1.26	1.68
製造業売上1億元当たり特許件数	0.36	0.44	0.70	1.10
製造業品質競争力指数	83.1	83.5	84.5	85.5
付加価値率（対2015年比）			2ポイント増	4ポイント増
労働生産性伸び率（年平均・%）			7.5	6.5
ブロードバンド普及率（%）	37	50	70	82
デジタル設計器具普及率（%）	52	58	72	84
重要工程NC化率（%）	27	33	50	64
工業付加価値当たりエネルギー消費（対2015年比）			18%減	34%減
工業付加価値当たりCO_2排出（対2015年比）			22%減	40%減
工業付加価値当たり水使用量（対2015年比）			23%減	41%減
工業固形廃棄物総合利用率（%）	62	65	73	79

資料：国務院［2015］より作成。

る付加価値はこくわずかにとどまるという実態が指摘されるようになった。そのため，これまで以上に製品の高付加価値化，研究開発（R&D）や知的財産を重視する方針が確認され，まずは外国先進技術の「導入・消化・吸収・刷新」が，その基本方針とされた。

第2は，イノベーションが重視される産業部門である「戦略的新興産業」（2010年10月）の指定である。具体的には，エネルギー効率・環境技術，次世代情報技術，バイオ，先端装置製造，新エネルギー，新素材，新エネルギー車の7分野が対象とされ，政策的な優先分野が明らかにされた[3)]。

第3が，中国版「インダストリー4.0」の「中国製造2025」（2015年5月）である。「中国製造2025」は2つの5ヵ年計画期をまたぎ，2025年までの製造業発展のロードマップを示したものであり，具体的な数値目標が提示された（表5-1）。また「中国製造2025」では，イノベーション主導型成長の観点から「9つの活動重点」と「10大重点産業」が特定化された（表5-2）[4)]。

「中国製造2025」には，(1)2025年までに製造強国の仲間入りを果たし，(2)

3）「戦略的新興産業」については，李春霞［2018］を参照。
4）「戦略的新興産業」に指定された「省エネ・環境保護」と「新エネルギー」は，製造業にとどまらない課題であることから，「中国製造2025」では姿を消している。また重点領域の10分野の詳細については，国家製造強国建設戦略諮詢委員会［2015］を参照。

表5-2 「中国製造2025」における「9つの活動重点」と「10大重点産業」

9つの活動重点	10大重点産業
(1)イノベーション能力の向上	(1)新情報技術
(2)情報化と産業化の融合	(2)ハイエンド工作機械
(3)基盤能力の向上	(3)航空・宇宙設備
(4)品質向上・ブランド構築	(4)ハイテク船舶
(5)エコ製造の推進	(5)鉄道・交通設備
(6)重点分野の推進（=10大重点産業）	(6)省エネ・新エネ自動車
(7)構造調整	(7)電力設備
(8)サービス型製造と生産型サービスの推進	(8)農業機械
(9)国際化水準の上昇	(9)新素材
	(10)バイオ・医療機器

資料：国務院［2015］より作成。

2035年までに中国の製造業を世界の製造強国陣営の中等レベルにまで到達させ，(3)2049年の中華人民共和国建国100周年には製造大国としての地位を固め，総合力で世界の製造強国のトップクラスに立つとの目標が掲げられている。「中国製造2025」で示された急速な国産化の方針や政府補助金を中心に据えた産業政策，そしてこの「製造強国」を目指す長期目標は，米国をはじめとする諸外国の反発を呼ぶこととなった[5)]。これら一連の産業政策は，米国からみれば，まさに中国による「技術覇権」を求める動きと映ったのである。

2. イノベーション主導型成長の初歩的成果

もっとも，このような国を挙げてのイノベーション推進活動が，初歩的な成果を生み出していることも事実である。たとえば，中国のR&Dの強化が挙げられる（図5-3）。対GDP比でみた中国のR&D支出は，2000年代に入り急速に上昇している。とはいえ，ようやくOECDの平均水準にキャッチアップしつつある段階である。しかしR&D支出を金額ベースでみると，中国の巨大な経済規模を反映して，すでに米国に匹敵する水準に達している。

また特許出願状況をみると，近年，中国の特許出願数は異常なほどの盛り上

5) USTR［2018c］，［2018d］，U.S. Chamber of Commerce［2017］，European Chamber［2017］などを参照。

図5-3　主要国の研究開発（R&D）支出の推移

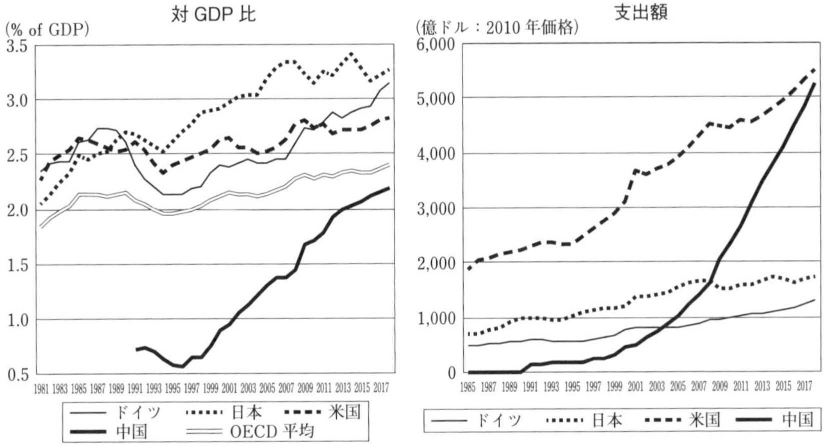

資料：OECD Stat ＜https://data.oecd.org＞ accessed on May 31, 2020より作成。

図5-4　主要国の特許出願数の推移

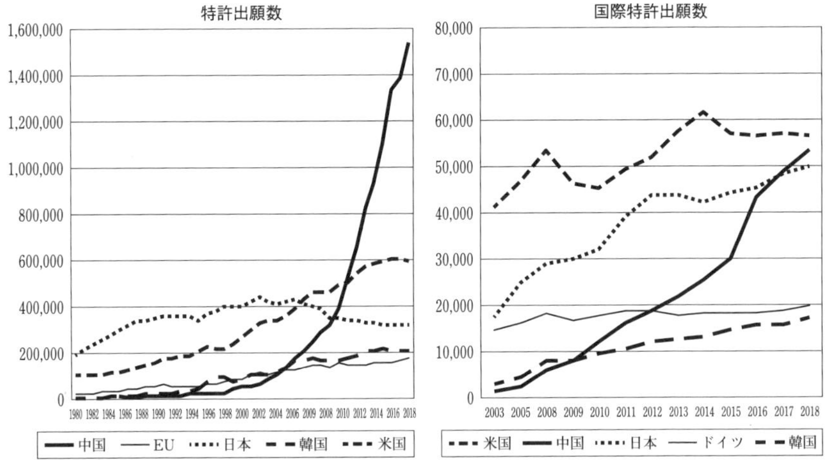

資料：WIPO［2019］より作成。

がりをみせている（図5-4)。より技術力が反映されるとみられる国際特許（PCT）出願数でも，中国は急速に米国を追い上げ，2019年には初めて世界トップの座を占めた（『日本経済新聞』2020年4月7日)。

図 5-5　中国経済の成長会計（1970〜2017 年）

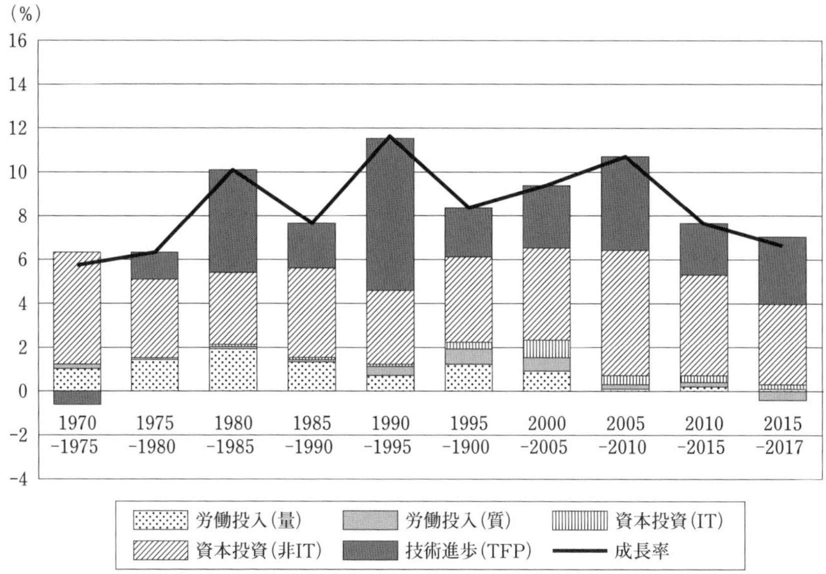

資料：APO［2019］より作成。

R&D 支出の増加にせよ，特許出願の増加にせよ，いずれも潤沢な政府補助金に支えられていることは否定できないが，中国のイノベーションに対する意気込みはきわめて高い。

活発なイノベーション活動を反映して，中国経済がイノベーション主導型成長に徐々に移行しつつある兆候もみられる。アジア生産性機構（APO）が発表している成長会計分析によると，中国の経済成長に対する労働投入の成長寄与はほぼなくなり，資本投入が引き続き牽引車となっているものの，技術進歩（全要素生産性：TFP）の成長寄与は一時期の低迷期を脱して，徐々に改善方向にある（図 5-5）。労働・資本投入に制約があることを考慮に入れると，予見される将来，中国の経済成長は技術進歩にかかっているのである。

第3節　中国による米国技術・知的財産の移転・窃取

1. 中国の挑戦

米国の対中認識は，単なる巨額の対米黒字国から，米国の「技術覇権」をうかがう競争者へと変化している。いうまでもなく，戦後の米国中心の世界秩序は米国の圧倒的な経済力と軍事力によって形成されてきた。それを支えてきたのが，米国の技術面での優位性である。その技術・知的財産を中国が合法・非合法な手段で「導入・消化・吸収・刷新」してきたことが，米国の危機感を急速に高めている。トランプ政権による米国の技術・知的財産の侵害に関する通商法301条調査は，これまでの偽造・著作権侵害の摘発・廃棄といった次元とは相当異なる制裁措置となった。

ナバロ大統領補佐官が率いるホワイトハウス貿易製造業政策局（OTMP [2018]）によると，中国政府は米国に対して組織的に経済攻勢を仕掛けており，重要な米国の技術・知的財産を入手しようとしている。それは，(1)輸入・競争からの国内市場の保護，(2)世界市場における中国シェアの拡大，(3)重要な天然資源の確保と支配，(4)伝統的製造業の優勢といった局面にみられる。なかでも，技術や知的財産分野では，(1)米国を含む外国から鍵となる技術や知的財産の獲得，(2)将来の経済成長と軍需産業の発展をもたらす新たなハイテク産業の獲得に典型的にみられるという。

301条調査が開始されてからは，中国がいかにして米国の技術・知的財産を取得してきたか，その「手口」が関心の的となった。ここでは，米通商代表部（USTR）が発表した通商法301条調査報告書を通して，その実態を明らかにしておこう[6)]。

---

6)　USTRの報告書は，もちろん中国側からみれば，米国側の一方的な評価・判断の表明にすぎない。ここでは，中国が希求する技術やその取得方法を取り上げることにより，米中両国の技術・知的財産分野の関心領域及び米中経済関係の新たな問題点を知るためのヒントとして，USTRの包括的な報告書を用いることにする。本節の記述はとくに出所を明記しない限り，USTR［2018c］,［2018d］による。なお，O'Connor［2019］は，中国の米国技術・知的財産の取得・窃取方法を，(1)直接投資，(2)ベンチャー投資，(3)合弁事業，(4)ライセンス合意，(5)サイバー活動，(6)人材獲得の6点から分析している。

2. 国家支援下の知的財産窃取

> 改革開放後，中国の知的財産の侵害・窃取は広くみられるが，イノベーション主導型成長への転換に伴い，中国の知的財産侵害・窃取の焦点は中国政府が2010年に指定した戦略的新興産業に集中している。戦略的新興産業の振興に合わせたかのように，当該分野において中国の知的財産の窃取が顕在化するようになった。

(1)米国知的財産の侵害・非合法な利用

①偽造・著作権の侵害

中国が関与する知的財産侵害問題といえば，これまでは偽造・著作権侵害が中心であった。中国による偽造・著作権侵害に関しては，これまで米中間でも交渉が繰り返されており，米国政府はスペシャル301条を適用して，中国の偽造・著作権侵害に対応してきた[7)]。しかしながら，中国はいまなお世界最大の偽造・著作権侵害「大国」である。たとえば，2017会計年度に米国が中国から輸入した偽造・著作権侵害品は，件数ベースで全体の48%（1万6,838件），メーカー希望小売価格（MSRP）ベースで同じく46%（5億5,463万ドル）にのぼる。これに香港からの輸入偽造・著作権侵害品を加えると，実にそれぞれ87%と78%を占める（U. S. Customs and Border Protection Office of Trade [2018]）。また米国のソフトウェア海賊版による被害は，2017年の米国GDPの0.1%の180億ドルにのぼる。さらにトレードシークレットの窃取は，企業が盗まれたことに気づきにくいこと，あるいは企業がその発覚を明らかにしたがらないことから，GDPの1%～3%の1,800億～5,400億ドル程度に達するとみられる（IP Commission [2017]）。ここでも，中国の関与はきわめて甚大である。

②リバースエンジニアリングの実施

リバースエンジニアリングは，ソフトウェアやハードウェア製品の構造を分

---

7)　たとえば，米中知的財産権に関する1989年覚書，1992年了解覚書，1995年実行合意，1996年合意が挙げられる（大橋［1998：第8章］）。交渉過程の詳細については，凌金鋳［2007］を参照。

析し，製造方法や構成部品，動作やソースコードなどの技術情報を明らかにすることを目的としている。特許・知的財産保護下にある工業製品を勝手に再生産すれば，それは非合法な活動となる。後発国や後発企業においては，先発国や先発企業の工業製品を物理的に分解・観察することにより，製造方法や設計図・仕様を取得し，類似品・模造品が生産されることが多い。リバースエンジニアリングにより，R&Dに要する時間・費用は大幅に節減することが可能である。上記の「国家中長期科学技術発展計画要綱（2006-2020）」によると，中国のイノベーションは外国技術の「導入，消化，吸収，刷新」から始まる。そのため中国においても，非合法なリバースエンジニアリングに基づいて製品情報が取得され，工業製品として生産されているケースが少なくない。

⑵規制品目の非合法な輸入

産業高度化に伴い，民用・軍用の双方に利用可能な「両用技術」が急増している。輸出管理当局（商務省，国防省，国務省）の判断・決定がとても追い付かないペースで増加しているのが実情である。冷戦時代から，米国はソ連向けとのバランスを考慮に入れつつ，中国向けの技術輸出を慎重に吟味してきた。1989年の天安門事件では，米国は新たに対中輸出規制を設けた。上述したように，このような対中輸出規制が解除されれば，米中貿易不均衡は大幅に是正されるというのが中国側の主張である。中国が求める米国の輸出規制対象品が，ペーパーカンパニー，オフショア勘定，偽造文書などを通して，非合法に中国に持ち出されるケースが時折報道されている。民用・軍用の境界が曖昧な先進技術の場合は，それが非合法であるとの意識が希薄なまま輸出されているケースも少なくない。

⑶諜報部門の経済活動

①産業スパイ活動による技術・知的財産窃取

諜報活動は世界中で展開されているとはいえ，民間企業の技術や知的財産を国家の諜報部門が窃取するケースは中国以外ではあまり耳にしない。トレードシークレットや機密情報は，それらにアクセスできるインサイダーを通して取得されるケースが多い。正規に入手できる技術であっても，諜報活動を通して入手できれば，はるかに低価格での技術取得が可能となる。中国の産業スパイ活動は急増しており，法執行が追い付かないのが実情である。また犠牲となった米国企業も，事件公表後の結果を懸念して，一般に公表には慎重である。一方，事件が公表されても，中国政府が捜査に協力することはなく，国境を越えた捜査は困難をきわめている。ちなみに，中国は国家安全部だけでも外国に4万人の諜報活動者を擁するとみられている。

②サイバー利用のスパイ活動・窃取

近年における最大の懸案は，中国によるサイバー利用の産業スパイ活動であり，知的財産，トレードシークレット，ビジネスプロセス，技術の窃取を目的とした米国企業へのサイバー侵入が頻発している。また中国との重要な商談を続けている米国企業のサーバーは，交渉が大詰めに差しか掛かると，大規模な攻撃を受ける傾向がある。その際には，当該米国企業の財務状況から中国との交渉内容にいたるまで，関連する企業情報が持ち出された形跡が残っていることが多いという。

2012年に発覚した米国の大手通信事業者であるVerizonのケースでは，19の民間団体・政府機関の協力のもとに，4万7,000件以上のセキュリティ案件が分析され，621件の確認データの公表と4,400万件の障害記録が公表された。産業スパイ活動に焦点を絞った公開データによると，その96%が中国を加害者とするものであった。担い手としては，10万人が配置されているといわれる人民解放軍のサイバー部隊，とくに人民解放軍総参謀部第3部（61398部隊）がサイバー利用のスパイ活動・窃取との関連で名指しされることが多い。2013年2月には米司法省が被疑者不在のまま5人の容疑者を起訴したが，その後も同様の起訴が相次いでいる。

2015年9月のオバマ・習近平首脳会談時に米国が発表したコミュニケでは，サイバー利用のスパイ対策防止で「双方は理解」に達し，両国政府は産業スパイ活動を行わないことで一致したことが明らかにされた。米国側の根強い不満は，このコミュニケの内容を中国側が発表しなかったこと，そして首脳会談の合意事項を中国側が順守してこなかった点にある。この首脳会談以後，サイバー利用の産業スパイ活動の件数は暫時減少したものの，その後は中国からの大量のアマチュアによる攻撃が頻発しており，より集権化，専門化した巧妙なサイバー攻撃に移行した形跡がみられるという。

3. 強制的な技術移転

WTO 加盟後も，中国では少なからぬ産業分野において，市場アクセスの制約がみられる。その市場アクセスを確保する交換条件として，外国企業に対して技術移転が求められることが多い。米中ビジネス協議会（US-CBC）が毎年実施している会員企業向けのアンケート調査（2017 年）でも，20% 近くの会員企業が過去 3 年間に中国側から技術移転の要請を受けている。

⑴市場参入条件の設定

①外資の出資制限

戦略的新興産業などの技術移転を進めるために，外資の中国市場への参入に際しては，合弁事業を要求されることが多い。一方，中国側がイニシアチブをとりたい産業分野では，マイノリティ出資に制限されることもある。また一旦合弁事業が開始されると，技術移転が終了するまでの期間，事業継続を求められることも少なくない。合弁事業の中国側パートナーが外資企業に近い立場を利用して，技術を窃取することもある。中国側による合弁の「強要」が問題となってからは，技術移転を示唆するような文言を文書に残さないケースが増えている。ただし，合弁要請や出資要請の禁止や抑制に関しては，たとえ中央指導者の言質がとれたとしても，相変わらず現場では外資に対する合弁・出資要請が続いている。

②R＆D の現地化

通信・IT 部門では，現地に R&D センターを設置しない限り，中国内での製品販売や営業が許されないことが指摘されている。R&D センターの設置は，外国技術取得の重要な手段であるために，新エネルギー車や半導体の分野では，R&D センターの設置が市場参入の要件とされている。

③データの現地化

「インターネット安全法」との関連もあり，中国は外資に対して，重要なデータ・情報を中国内のサーバーに保管することを求めている。ビッグデータの時代を迎え，データは貴重な経営資源となっており，中国はデータに対する「主権」にも言及し始めている。そのため中国内にサーバーを設置するという要請に応える外資企業もでている。

④差別的な目録・リスト

外資の中国市場への参入条件を定めた各種目録・リストは，関税障壁の引き上げ，市場参入の抑制手段であると同時に，許認可基準の幅を広げ，外資制限を強化し，技術移転を強要する手段にもなっている。たとえば，通信サービス分野のリストでは，許認可が必要とされる通信サービスの範囲が徐々に広げられている。また外資側が合弁企業を設立した場合に限って，営業許可証が発行されることもある。営業許可証がなければ，独自ブランドや商標を使用することもできず，場合によっては，まともな企業活動ができないこともある。さらに外資の製品は中国政府の調達リストから除外されており，外資企業は潜在的なライバル企業である中国企業が享受している優遇税制や低金利融資の対象からも除外されている。このように各種目録・リストは，市場参入に際しての重大な非関税障壁となっており，同時に技術・知的財産移転を強要する産業政策の手段としても用いられている。

⑤国際規範を逸脱した自主的技術基準

中国は国際標準とはかなり異なる国家標準を戦略的産業に意図的に適用することがある。これは外国企業の市場アクセスを制限し，中国の独自基準を選択させるための手段となっている。航空，コンピュータ数値制御装置（CNC），工作機械，医療機器，ロボットなどが，その主たる対象である。独自基準の設定は，外国企業にソースコード，暗号化アルゴリズム，その他の技術・知的財産を開示させるための圧力となり，市場に混乱や不当な競争をもたらし，市場参入を制限する障壁となる。もちろん，独自標準を設定するもうひとつの目的は，外国技術の使用料支払いの節減にある。また中国が「一帯一路」沿線国において中国標準の普及を図っていることも見逃せない動きである。

⑵差別的な法規の適用

①特許・知的財産に対する差別的処遇

特許・知的財産を市場価格以下で入手するために，特許・技術の提供を直接迫られるケースも多い。まず「中国技術輸出入管理条例」では，①中国企業による移転された技術の改良を認めること，②改良後の技術は中国企業に帰属することなど，国際慣行とはかなり異質な技術移転のルールが設定されている。また外国特許・権利所有者の排他的権利に対しては10年間の期間制限が設定されているのに対して，中国企業は移転技術の使用権を永久に保有することが認められている。技術移転に関する中国独自の慣行は，米国企業の中国市場での競争力を著しく減退させ，イノベーション投資の継続を困難にし，中国企業が国際市場で優位性を確保するための手段となっている。

②独占禁止法の適用

ライセンス料やロイヤルティ比率を引き下げるための手段として，中国は外資に対して「独禁法」を適用することがある。中国は反競争的慣行の一環として，前年の売上高の1%～10%程度を「罰金」として科し，「ゆすり」や「脅し」を掛けてくることがある。たとえば，クアルコムに対しては9億7,500万ドルの罰金が科されたが，同時に中国は同社に対して市場ベースを下回る条件のロイヤルティ比率を認めさせている。

⑶行政許認可権限の利用

①多様な許認可制度

中国では食品，薬品，鉱業，通信サービスなど，100種類以上の営業活動に対して許可証管理が実施されている。多種多様な行政許認可は典型的な非関税障壁であり，技術移転を強要する手段としても用いられている。したがって，技術移転に応ずれば，行政許認可はスムーズに下される。一方，許可証発行にいたる過程は不透明かつ曖昧なところが多く，裁量の働く余地がきわめて大きい。しかもその過程では，重要な技術のエッセンスが抽出され，独占的情報が中国側に渡ることになる。

②介入的な検査・認証

健康・安全を保障するために，外資に対してトレードシークレット，ソースコード，暗号化アルゴリズム，その他の機微な知的財産の開示が求められることがある。中国の強制的な認証制度（CCC）は，農業機械，電気機械，自動車・部品，医療機器，消防設備などを対象として，広範かつ長期間にわたり検査が実施される。技術移転に加えて，きわめて面倒かつ介入的な検査のために，外資の市場参入は制約を受け，想定以上の費用を要することになる。

③技術・知的財産移転を求めるセキュリティ・レビュー

中国が外国企業に独自情報の開示を求める手段として，セキュリティ・レビューがある。この過程において，ソースコード，暗号化アルゴリズム，その他の機微な知的財産が危険にさらされることになる。中国の「1999年商業暗号規則」では，暗号は国家機密に分類されており，近年中国は戦略的新興産業に焦点を絞って，セキュリティ・レビューを多用しているという。しかも2017年7月施行の「インターネット安全法」に基づき，製品・サービスに対するセキュリティ・レビューの体制が整備され，データの越境流通を制限し，その現地化を求め，国際基準の負担・範囲を超えるようなサイバー安全基準が設定された。同法に基づくと，企業は自社製品の仕様，ソースコードに関する情報を政府のレビュー担当機関に提出することが求められており，重要な技術情報の開示が強要されている。

④専門家パネルへの独自情報の強制的開示

中国の許認可官庁では，審査・許認可過程の一環として，官産学からなる専門家パネルが設けられることが多い。そこでは，審査の名目で外国企業から独自情報が提出されている。専門家パネルには，この開示情報に関心を持つ中国のライバル企業の専門家がメンバーとして参加していることもある。

⑤安全・管理可能な技術基準

安全・管理可能な技術標準が，「安全法」，「インターネット安全法」，「サイバー安全基準」，「技術委員会標準」などの形で成文化されている。航空，ビッグデータ，銀行，金融，サイバー製品，インターネット活動，製造業，医療，医療機器，通信などの分野において，30以上の措置が講じられている。安全・管理可能な技術基準に適合させるためには，鍵となる技術を中国当局に引き渡し，広範囲にわたる知的財産の開示方針に従うことが求められる。安全・管理可能な技術基準は，技術・知的財産の提出を拒む外国企業に対する技術移転の強制手段となっている。

⑥政府調達の制限

輸入代替・自主創新を促進するために，各級政府の調達には広範な制限が課されている。中国はWTOの政府調達協定（GPA）には未加盟であり，公的部門では外国企業からの調達は事実上閉ざされた状態にある。

⑷企業内移転・漏洩

①合弁企業への中国人従業員の配置

合弁企業が雇用する従業員は，基本的に中国側パートナー企業からリクルートされることが多い。合弁企業の技術やノウハウは，意図的であろうがなかろうが，従業員を通して漏洩することは不可避な状況にある。

②共産党指導下の企業ガバナンス

中国の「会社法」では，非国有企業においても企業内共産党組織の設置が求められている。企業ガバナンスは，利益最大化目標の実現と同時に，共産党の戦略目標を遂行するための手段となっている。中国企業の取締役会は共産党の指導を受けており，そこでは企業行動と国家の産業政策をリンクさせる努力がなされている。

4. 技術移転を目的とした経済手段・情報収集・対外投資

輸出制限による中国産原材料価格の上昇は，外国企業に対抗するための競争力の源泉となる。一方，国有企業による独占・寡占市場の形成も，外国企業に対する交渉力を高める。これら市場歪曲的慣行・体制も技術移転の手段となっている。同時に，中国は各種技術情報を包括的に収集しており，技術追求型の対外投資や人材のリクルートも活発に進めている。

⑴技術・知的財産の移転を強要する経済手段

①重要原材料の輸出規制

中国はハイテク製品の生産に不可欠なレアアース，タングステン，モリブデンなどの世界的な供給源である。その輸出規制は，外国の川下産業にとっては，操業，技術，雇用を中国に移転させざるをえない圧力となりうる。第6章で取り上げる2019年6月の米国の制裁措置・第3弾の発動に際して，レアアースの輸出制限による対抗措置が中国内のSNSで喧伝されたように，中国の一般人民の間でもレアアースが有効な戦略的資源であるとの認識が共有されている。

②独占的な購買者

中国の特定分野，たとえば，航空産業では国有企業の中国航空工業集団が独占的な購入者である。その独占的な地位を背景にして，国有企業は外国企業に対して，現地生産，技術移転などの譲歩を引き出すことが可能となる。

⑵積極的な情報収集・リクルート

①公開情報の収集

中国の公開情報の収集は，他国とは比較にならないほど，体系的かつ大規模に実施されている。その代表的な存在が，500人の研究者を擁する中国科学技術信息研究所であり，外国の博士論文，政府報告，ジャーナルなどを網羅的に収集している。公開情報の収集は調査費用を40%～50%，調査時間を60%～70% 節減できるという（霍忠文・王宗孝［1991］，Hannas et al.［2013］，Roper［2013］）。

②非伝統的な情報収集者

米国の大学に属する中国人留学生は30万人にのぼり，その多くが米国の研究所，イノベーションセンター，インキュベーター，シンクタンクなどの職を求めている。中国人留学生は米国の大学における留学生の3分の1，とくに科学技術，工学，数学などの理工系の大学院生の25% を占める。中国政府は彼らを中国の軍事・戦略的野心に応えうる非伝統的な情報収集者の道へと誘導すべく圧力を強めている。米国の高等研究・教育機関の基本的な価値観はオープンで自由な意見交換にある。とくに大学は科学技術を習得する絶好の機会を提供している。理工系の中国人留学生が将来重要な軍事システムに応用・転用しうる技術の研究に従事し，結果として，米国の輸出規制に違反する行為を犯してしまうこともある。

また華為のカリフォルニア大学バークレー校のAI研究所や百度のシリコンバレー研究所のように，中国政府が支援する中国企業が共同研究のために米国の大学やサイエンスパークに研究施設を設けるケースも増えている。もちろん中国の各級政府機関が，直接シリコンバレーやボストン周辺に研究機関を設置し，人材取得競争に乗り出しているケースもみられる。核開発で知られるロスアラモス研究所など，米国の重要な研究機関での勤務経験をもつ中国人専門家，軍事応用システムの開発に技術・経験を供与しうる中国人研究者の帰国も奨励されている。

③ビジネス・科学技術専門家のリクルート

中国人以外の専門家に対しては，金銭・物的利益の供与（研究費，優遇税制，住居，保険，家族手当，指導的ポスト，社会的地位，学術賞など）を通して，学界・産業界のリーダーのリクルートが進められている。一方，中国人の専門家に対しては，金銭・物的的インセンティブに加えて，ナショナリズムや愛国心に訴えるリクルート活動が強化されている。

2008年に始まる「1000人才能計画」に基づき，トップレベルの研究機関の各部門のリーダー，中国が求める知的財産，技術，特許を所有する研究者のリクルートが進められている。2009年以後，すでに4万4,000人の研究者・専門家が中国に帰国し，帰国者の起業のために設けられたサイエンスパークは300ヵ所にのぼり，6万7,000人の帰国研究者・専門家が2万4,500社を起業しているという（*China Daily*, February 25, 2017）。

⑶技術探索・国家支援型の対外投資

①技術追求型の直接投資

中国政府は産業政策の一環として，振興すべき戦略的新興産業の投資促進，政府資金の利用を制度化している。主な資金源としては，中国投資公司（CIC）8,138億ドル，国家外貨管理局4,410億ドル，社会保障基金2,950億ドルなどがあり，きわめて潤沢な資金が準備されている。これらの資金を利用した中国の対外投資は，2000年代前半までは天然資源の確保が中心であったが，2010年代後半になると「中国製造2025」に基づいているかのように，AI，拡張現実・仮想現実（AR/VR），ロボットなどのハイテク分野への投資が中心となっている。なかでも，国有企業は中国の対外投資の3分の1程度を占めている。

また政府との関係の深い民営企業も主要な対外投資の主体である。その多くは政府の財政支援に依存しており，企業内の党組織を通して，共産党・政府は民営企業に影響を及ぼしている。しかも多くの中国企業の幹部ポストは，党・政府の現職・元幹部により占められている。実際に，民営企業の売上高上位100社のうちの95社，インターネット企業上位10社のうちの8社は，党・政府の現職・元幹部が創業した企業である（USCC［2016］）。多くの外国企業にとってのライバル企業は，政府の財政支援を受け，各種許認可が特別に適用され，政府契約に直接アクセスができて，しかも税制優遇や安い土地取得・貸与コストを享受している中国の民営企業なのである。対外投資の制限枠が部門別に設定されているために，民営企業の投資は政府の奨励する戦略的新興産業に集中することになる。結果として，民営企業は利益の極大化を目指すと同時に，国家の戦略的な産業部門の振興に寄与するような投資を行うことになる。

国家支援型・技術追求型の投資ファンドによる投資も増加している。上記のCICが2007年に設立されてからは，政府系投資ファンド（SWF）が中国企業の対外投資の重要な資金源になっている。たとえば，2014年6月に工業信息部が「半導体産業発展ガイドライン」を発表すると，その90日後にはIC産業投資ファンドの設立が発表された。

②米国の技術・知的財産の獲得・移転のための投資

1990～2019年の中国の対米投資（累計額）の92%はM&Aの形態をとっている（Rhodium Group et al.［2020］）。ところが，中国の資本流出規制の影響もあり，中国の対米投資は2016年をピークに急減している。一方，中国の技術取得を目的とした対米投資は，スタートアップ企業やベンチャー投資に向かっており，中国は2015～2017年の米国におけるベンチャー投資取引高の10%～16%を占めた。たとえば，中国を基盤とするベンチャーキャピタル（VC）のSinovationは，2009年の創業以来，累計12億ドル，AI分野の25社を含む約300社のスタートアップ企業に投資を続けている。投資主体としては，地方政府（開発区）の発展公司などが比較的活発な動きをみせており，投資分野はAI，ロボット，AR/VR，フィンテックの4分野が中心である（Brown and Singh［2018］）。

ベンチャー投資の狙いは，導入目標とする具体的な技術のリーディング企業へのアクセスを可能にし，技術移転リスクに敏感な政府の審査基準の間隙を突くところにある。ただし，その後は中国側の資本流出規制の強化に加えて，「米中貿易戦争」に伴う米国側の対内投資管理の強化に伴い，中国の対米ベンチャー投資は2018年上半期の25億ドルから2019年上半期には11億ドルと大幅に減少した（Lysenko et al.［2020］）。

5.「技術覇権」をめぐる競争

トランプ政権に先立ち，オバマ政権も中国の国家資本主義や市場歪曲的慣行に対する懸念をしばしば表明してきた。オバマ政権が対中関与政策の遂行を通して中国経済の市場化，中国による国際規範の受容を促そうとしたのに対して，上述したように，トランプ政権は中国を米国の価値観や利益に反する世界秩序の形成を図る「競争相手」と位置づけた。「競争相手」への関与，国際機関やグローバル経済への参加が，「競争相手」を好意的で信頼できるパートナーに変えうるという前提はすべて誤りであったと判断し，トランプ政権は従来の対中関与政策からの軌道修正を宣言した。

戦後米国は，その圧倒的な経済・軍事力のもとで，世界標準となる製品・サービスの中核技術を相次いで開発・保有することにより，国際競争での優位性を確保し，国際秩序および他国に対する影響力の行使を可能としてきた。ところが，急速な経済成長を背景に経済大国として台頭した中国が，先端技術分野を中心として，「覇権国」である米国に対する挑戦を始めたのである。トランプ政権は「分断」（デカップリング）による技術・知的財産の確保を選択しようとしている。しかしグローバリズムのもとで相互依存関係はさらに深化し，グローバル・バリュー・チェーン（GVC）が構築されるなかで，「分断」の有効性を証明することは容易ではない。いずれにせよ，このような基本認識に基づき，トランプ政権は中国との「技術覇権」をめぐる競争を選択したのである。

第６章　対中制裁措置の展開

第１節　米国の貿易制限措置

1．アンチダンピングと相殺関税

米中貿易不均衡の拡大に伴い，歴代の米国政権はGATT/WTOのルールに配慮しつつ，中国からの輸入を制限する措置を発動してきた。WTO加盟に際して，中国は３つの経過措置に合意した。このうち，(1)繊維セーフガードは2008年末，(2)経過的セーフガードは2013年末に終了しており，(3)ダンピング判定方法に関する経過措置も2016年末に終了するはずであった。ところが，中国＝「非市場経済国」では価格メカニズムが機能しないため，ダンピング調査のための公正な国内価格が判定できないとして，その後も中国産品に対するダンピング調査では，引き続き中国の輸出価格と第三国・「代替国」の国内価格を比較する方法がとられることとなった[1)]。しかし，この判定方法では「代替国」を恣意的に選ぶことが可能である。ダンピング調査の発動はより容易となり，しかもより大きなダンピング・マージンが適用される傾向がある。

急増する中国からの輸入品に対して，米国政府がとりうる代表的な貿易制限措置としては，(1)アンチダンピング課税（AD：1930年関税法731条），(2)相殺関税（CVD：1930年関税法701条），(3)セーフガード措置（1974年通商法201条），(4)国家安全保障の理由による輸入規制（1962年通商拡大法232条）を挙げることができる。

---

1)　なお，米国の通商法では，「市場経済国」の判定基準は，(1)通貨の兌換性，(2)労働賃金交渉の自由，(3)外国投資の自由，(4)生産活動への政府の関与，(5)資源配分の決定への政府の関与である（Neeley［1989]）。

図6-1　米国のアンチダンピングと相殺関税措置の発動件数

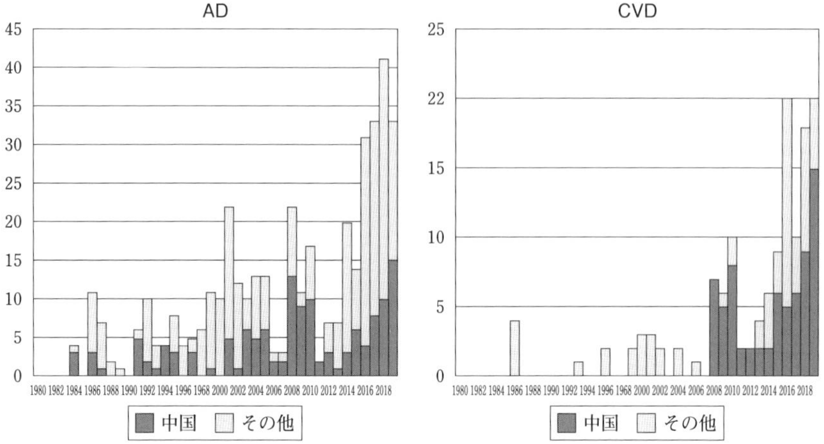

資料：USITC［2020］より作成。

いずれも単独行動主義的な措置であるが，まず(1)と(2)は従来から多用されており，トランプ政権のもとではさらに発動の頻度が上がっている（図6-1）。なかでも中国産品は，米国のADやCVDの主要なターゲットとなってきた[2)]。とくに近年は，中国の国家資本主義的な政策・慣行に対する米国の強い懸念が表明されていることもあり，外国政府の補助金に的を絞ったCVDの発動，あるいはADとCVDの併用が顕著となっている。もっとも，(1)と(2)に関しては，何とかWTOのルール内にあるものの，(3)と(4)はかなり例外的な措置であり，輸入制限はいずれも米国の国内法に基づいている。

Bown［2017］によると，米国による輸入規制を目的とした調査件数は，1980～2016年に合計2,055件発動されてきた。その内訳は，(1) 1,379件，(2) 631件，(3) 31件，(4) 14件である。そのうち，課税・輸入割当枠が設定されたケースは，(1) 626件，(2) 236件であるのに対して，(3)は8件，(4)は1件にすぎない。冷戦期の最中に策定された例外的な貿易制限措置を，トランプ政権はあえて選択することになった。

---

2)　米中経済摩擦をアンチダンピングに焦点を据えた分析として，陳友駿［2011］を参照。

表 6-1　米国の対中貿易制限措置（2018 年 1 月～4 月）

	米国の措置	中国の対応
(1)	1974 年通商法 201 条に基づく太陽光パネル・大型家庭用洗濯機輸入に対するセーフガード措置	米国産穀物（モロコシ）に対する AD・CVD 調査（2 月 5 日調査開始，4 月 17 日 AD 仮決定）
	2017 年 10 月 31 日　米国国際貿易委員会（USITC），同年初の業界団体の請願に基づく裁定発表 2018 年 1 月 22 日　大統領布告，2 月 7 日発動	
(2)	1962 年通商拡大法 232 条に基づく鉄鋼・アルミニウム製品輸入に対する安全保障措置として鉄鋼 25%，アルミニウム製品 10% の関税賦課	アルミニウム・スクラップ，豚肉，果物，ナッツなどを対象とする報復関税リスト発表（4 月 2 日）
	2017 年 4 月 20 日　トランプ大統領，ロス商務長官に調査指示 2018 年 2 月 16 日　商務省報告書発表 2018 年 3 月 8 日　大統領布告，3 月 23 日発動	
(3)	1974 年通商法 301 条に基づく知的財産権侵害などに対する対中制裁措置として 1333 品目の課税リスト発表	自動車，航空機，大豆などを対象とする報復関税リスト発表（4 月 4 日）
	2017 年 8 月 14 日　トランプ大統領，USTR に調査指示 2018 年 3 月 22 日　USTR 調査報告書発表 2018 年 4 月 3 日　リスト発表	

注：(1)の「中国の対応」は米国の措置に対する「報復」が明示されているわけではない。
(1)と(2)はいずれも中国だけを対象とした措置ではない。
資料：米国 White House, USTR，中国外交部，商務部の HP より作成。

2. トランプ政権の対中貿易制限措置

2018 年 3 月にトランプ政権は，通商政策の新たな基本方針を受けて，一連の輸入制限措置に踏み切った（表 6-1）。これに先立ち同年 1 月に発動された太陽光パネルと大型家庭用洗濯機に対するセーフガード措置を含めると，2018 年に入り，米国は 3 つの主要な貿易制限措置を発動したことになる。いうまでもなく，表 6-1 の(1)と(2)は中国製品だけを対象にした措置ではない。対象となっている外国製品の米国の主たる輸入先が中国であったことから，実質的に中国製品を標的にした貿易制限措置とみなされたわけである。そのため米国の貿易制限措置に対する中国側の対応も，やや曖昧な「報復」措置となった。

いずれにせよ，これら 3 つの輸入制限措置に関する裁定や調査の指示が出されたのは 2017 年である。トランプ政権としては，税制改革などの重大な内政問題に傾注し，恐らくは通商政策にまで十分に手が回らなかった時期であろう。それにもかかわらず，政権内においては貿易制限措置に繋がる調査が粛々と進められていたのである。

3. 国家安全保障による輸入制限

通商拡大法232条に基づく輸入制限措置とは，国家安全保障を理由として，大統領に関税率の引き上げや輸入割当枠の導入などの輸入制限の権限を与える措置である。議会の承認が必要ないために，政権としては比較的容易に発動しうる措置ではある。今回の発動は，中国をはじめとする外国産の鉄鋼・アルミ製品が大量に米国に流入したために，国防に必要な原料・素材の供給能力が低下し，防衛装備品の生産，国防技術の維持が困難となったとの論理に基づいている。国家安全保障上の脅威と認識されれば発動が可能であるだけに，その発動の根拠はかなり曖昧である。もっとも，これまで中国からの輸入品に対して講じられてきたアンチダンピング，相殺措置，セーフガードなどと異なり，通商拡大法232条に基づく輸入制限措置は，後述する通商法301条と同様に，WTOのルールに抵触する可能性があるだけに，歴代米国政権は36年間にわたってその発動に慎重であった。

2010年代半ばから，中国は一国で世界の粗鋼生産の半分を占めている。それが世界的な鉄鋼の過剰生産の主因となっていることは，周知の通りである。一方，2017年の米国の鉄鋼輸入に占める中国産のシェアは2.2%にとどまる。しかし世界経済がグローバル・バリュー・チェーン（GVC）により相互依存を強めているなかで，中国産の鉄鋼製品は世界中に拡散され，世界中で利用されている。アルミ製品の世界的な過剰生産，国際分業における中国産アルミ製品の利用状況も，鉄鋼と同様である。今回の輸入制限措置により，中国産をはじめとする外国産の鉄鋼・アルミ製品の米国市場への流入は，ある程度まで抑制することができるかもしれない。しかし，その結果として，GVCに依存する米国産業・企業は多大な代償を支払うことになり，輸入物価の上昇分は米国のエンドユーザー・消費者が最終的に負担することになる。

2017年11月の米中首脳会談では，2,500億ドルの商談成立が大々的に喧伝された。しかしその後，米中経済関係には深刻な摩擦が生じている。2018年1月には米国外国投資委員会（CFIUS）により，アリババの金融子会社による米国際送金会社マネーグラム社の買収案が却下された。また米通信大手AT&T

は，安全保障上の理由から，華為技術のスマートフォンの販売契約を解消した。さらに米国政府は外国製太陽光パネルに最大 30%，冷蔵庫に最大 50%，翌 2 月には，アルミ箔に最大 106% のアンチダンピング課税を課す方針を発表した。いずれも中国産品を念頭に置いて発動された措置である。

このような事態に直面して，2018 年 2 月，外交担当の楊潔篪政治局員，続いて習近平政権の経済政策の担い手である劉鶴副首相が，全国人民代表大会の直前に開催された中共 19 期 3 中全会中の最中に訪米し，米中包括経済対話の再開を協議した。中国側は「米国向けの鉄鋼・アルミ製品は民生用の低級品が中心であり，米国の安全保障を脅かさない」こと，そして「米国側の最終的な措置が中国の利益を損ねるならば，相応の措置をとり，自らの利益を守る」との談話を発表し，報復措置も辞さない姿勢を示した（中国商務部［2018］）。にもかかわらず，トランプ政権が鉄鋼・アルミの輸入制限措置に踏み切ったことから，中国は WTO への提訴に加えて，米国からの主要輸入品である大豆などの農産品に対して同様の対抗措置をとる方針を示した。

第 2 節　通商法 301 条の発動

1．通商法 301 条調査

一連の輸入規制措置のうち，もっとも包括的な措置が 1974 年通商法 301 条調査である。通商法 301 条によると，(1)外国政府が不正，不合理な関税，または米国の貿易に被害を及ぼす輸入制限措置をとっている場合，(2)不正，不合理な差別的政策をとっている場合，(3)米国向け輸出，または第三国市場向け輸出で米国産品の競争力を実質的に低下させる輸出補助金を提供している場合，(4)食料，原料，その他製品の供給に不正，不合理な制限を設け，米国のビジネスに負担と制約を強いている場合，大統領はこのような制限や補助金を取り消すために，貿易優遇措置の停止・取消，対象国の輸出・サービスに対する課税・輸入制限措置などを講じることができる（大橋［1998：174-175］）[3)]。

3）　さらに 1979 年通商法では，301 条の適用範囲が貿易と直接関連しないサービスにも拡大され，1984 年通商法では，(1)適用範囲が直接投資，サービス貿易にまで拡大され，(2)「不正」，「不合理」，「差別的」の定義の拡大と具体的な例示がなされ，(3)知的所有権の保護が明文化された。

表6-2　通商法301条調査の要点

(1)	中国政府は不透明で差別的な許認可制度，合弁要請，外資出資制限などを用いて，自国企業への技術・知的財産の移転を要求・強要している。技術移転に際しては，曖昧かつ不透明な不文律ルール，全国ルールから逸脱したような地方ルールが選択的に適用されている。
(2)	中国政府の法規，政策，慣行は，米国企業と中国企業が市場ベースで技術供与・交渉を行うことを困難にしている。中国の技術輸出入管理規則は，輸入技術の改良に対する補償，所有権の範囲に制限を加えており，技術供与・契約は非市場ベースで実施されている。
(3)	中国政府は，先端技術や知的財産を取得するために，中国企業による組織的な対米投資による米国企業・資産の取得を支持・奨励しており，取得した技術は「中国製造2025」など，中国の産業発展計画に掲げられた重点産業に対して大規模な移転がなされている。
(4)	中国政府は，知的財産，トレードシークレット，ビジネス上の機密情報の窃取を目的として，米国の商業コンピューター・ネットワークに非合法に侵入することに関与している。このような窃取行為は米国企業の競争力の低下を招いている。

資料：*Federal Register*, Vol. 82, No. 163, August 24, 2017.

今回の301条調査の狙いは，中国が米国の知的財産を不当に侵害・取得している実態を証明することにあり，これは米国官報に掲載された通商法301条調査の主旨に集約されている（表6-2）。すなわち，(1)米国企業に対する技術移転の強制・要請，(2)市場取引による技術供与を妨げるような中国の法規，政策，慣行，(3)中国企業による米国企業の買収に対する中国政府の支援，(4)サイバー手段による米国企業の知的財産や機密情報の窃取が問題とされた。

USTRは，外国による米国の知的財産の侵害を監視し，報復措置として外国市場の開放を求める「スペシャル301条」報告書を毎年発表している。上述したように，中国がWTO加盟時の約束を遵守しているかを評価するUSTRの報告書でも，これまでは米国の知的財産の保護が最優先事項に位置づけられていた。しかし今回の301条調査は，知的財産の保護にとどまらず，米国から中国への技術移転のあり方や中国側の取得方法を問題とする包括的な調査となった。

たしかに1992年の鄧小平氏の南方視察の頃から，中国政府は外国企業に技術と市場の交換を提起し，技術を供与した外国企業には国内市場を開放することが伝えられてきた。ところが，これは中国政府の法律・条例などに明記されたルールではない。公式文件に何ら明示されない形で，外国企業に対して技術移転が求められてきたのである。とはいえ，中国の「技術輸出入管理規制」などの公式文件でも，技術導入では技術提供側の外国企業に不利な条項があり，直接投資でも外資側が技術供与を促す条件が設けられている。結果として，一定の技術水準に達した中国の製造業は，政府の支援のもとに高度化への道を邁進している。たとえば，中国企業の対米投資は，中国の技術導入の有力なルートとなっており，米国の産業にとっても重大な脅威となりつつある。しかも，高度化を進めるために中国は非合法，またはそれに近い形で米国の技術を窃取していることが確認されている。中国は米国の「技術覇権」に対する重大な挑戦者になっており，通商法301条調査は中国の台頭に対する米国の牽制措置でもあった。

2. 1991年の通商法301条調査

1991年10月に，米国は中国の市場アクセスに対して301条調査を発動したことがある。そこでは，(1)中国の一部製品の輸入禁止と数量制限，(2)輸入許可証制度，(3)外国製品に対してのみ適用される標準・検査・認証規定などの技術障壁，(4)輸入制限につながる法規の不透明性の4つの貿易障壁が調査対象となった。301条調査は1年を期限としており，調査発動後は米中交渉が繰り返され，1年後の1992年10月に中国市場アクセスに関する米中了解覚書（MOU）が調印された（大橋［1998：第7章］）。

1991年の301条調査は，かなり異例の調査となった。通常の301条調査は，特定品目の特定障壁を対象とすることが多い。しかしこの調査は，中国の貿易体制・慣行全体を対象とし，計画経済体制やその遺制・残滓を除去し，その抜本的な改革を迫る調査であり，USTRが経験したなかでももっとも包括的な調査が実施された。しかし同時に，1991年の中国市場アクセスに対する301条調査は，中国が改革開放を進めるのに不可避なプロセスを求めるものであり，すでに中国が着手していたGATT加入に向けての格好の「外圧」となった。これに対して今回の301条調査は，中国にとってはきわめて制約的な条件ばかりが目に付く内容である。ただ1991～1992年に，数次にわたる交渉を通して合意が導かれたことは，これからも続くとみられる米中交渉にとって貴重な経験が共有されたことを意味する。

1991～1992年の301条調査が発動された頃の研究では，通商法301条調査による外国市場開放の成功率は，第1に，他の経済制裁の手段よりも，より効果的であることが報告されている。301条調査では，72件中35件の市場開放が実現されたのに対して，他の経済制裁の市場開放は120件中41件にとどまった。第2に，調査対象国の米国市場への依存度が高いほど，301条調査は効果的である。米国市場への貿易依存度が30%以上の対象国の場合，301条発動により77%の外国市場の開放が実現されたのに対して，米国市場への依存度が30%未満の対象国の場合，301条調査の効果は33%の市場開放率にとどまったという（Bayard and Elliott [1994]）。

3. 通商法301条調査を取り巻く環境の変化

四半世紀を隔てた2つの301条調査からは，その後の米中経済関係の大きな変化を読み取ることができる。この間に米中間の争点は，第1に，単なるモノの取引から技術・知的財産といった生産要素を含むものに移行した。四半世紀を経て，中国経済は単純な委託加工の最終工程の担い手の段階を脱し，米国に迫るほどの経済大国に成長した。また1991年の301条調査では，中国の計画経済体制の遺制・残滓が問題視されたのに対して，2017年の301条調査では，技術移転に関する中国に特徴的な制度・慣行が取り上げられており，摩擦のレベルはさらに深化した。

第2に，米中両国の相対的な地位に大きな変化がみられる。1990年代の中国は米国向け輸出による外貨獲得を至上課題としていた。一方，現在の中国は世界最大の外貨準備保有国であり，米国債（TB）の大量保有国でもある。直接投資の動きをみても，米中経済関係は明らかに双方向の交流となっている。中国は米国市場への依存度を漸次低下させながら，「一帯一路」構想沿線国などの新たな市場開拓に努めている。ただし，技術や知的財産に関しては，いまだ米国から中国への「一方通行」的な状況が続いており，これが301条調査発動の大きな契機となっている。

第3に，トランプ政権の通商政策の不確実性，他の争点とリンクさせた「ディール」の仕方をみる限り，圧倒的な経済力を背景に自らが構築した戦後の自由貿易体制から，米国が徐々に後退しつつある兆候がより鮮明となっている。一方，重商主義，非市場経済，国家資本主義的な特徴をあわせ持つ中国が，世

表6-3　ボアオ・フォーラムにおける習近平報告の要点

(1)	➢市場参入の大幅な緩和 ・米国が久しく求めてきた金融部門と自動車産業がその焦点とされた。
(2)	➢より魅力ある投資環境の創造 ・透明性の改善，財産権保護の強化，競争の奨励，寡占・独占の反対，ネガティブリストの改訂など，国際的なルールとのマッチングを図ることが強調された。 ・同時に，ここでは，2018年3月の全人代の李克強首相の政治報告で言及されなかった「市場に決定的な役割を果たさせる」（2013年の中共18期3中全会決議）との表現が使用されており，「市場に決定的な役割を果たさせる」うえでの障害を除去することが強調された。
(3)	➢知的財産権の保護の強化 ・法執行の強化，違法行為に対する厳罰化が提起され，抑止力の改善が強調された。
(4)	➢積極的な輸入拡大 ・貿易黒字を目標とせず輸入を拡大することが言明され，関税の引き下げ（自動車），国際輸入博覧会の開催とともに，中国が政府調達に関する協定（GPA）への加盟を目指すことが提起された。

資料：『人民網』2018年4月10日。

界に向けて自由貿易体制の維持を強調している。もっとも，このような主張は額面通りに受け取られているわけではないが，世界経済における米中両国の役割・地位は過去四半世紀を通して相当大きな変化を遂げたといえる。

米国が一連の貿易制限措置を打ち出すと，習近平国家主席は2018年4月に海南島で開催されたボアオ・フォーラムにおいて，さらなる貿易自由化・対外開放策を提起した（表6-3）。同時に，中国側から先進国に対しては，ハイテクの対中輸出規制の緩和が求められた。いずれも，米国からの要求をかなり意識した内容となっている。トランプ大統領は習近平主席が提起した貿易自由化・対外開放策を高く評価した。同時に，中国を介さない米朝首脳会談の開催という直接ルートを開拓することにより，トランプ大統領は米中関係に関して，安全保障と通商問題とのリンクを強く意識した選択肢を模索し始めることとなった。

4．米中通商協議の進行

米国の対中貿易制限措置の発動を受けて，2018年5月から米中間の通商協議が開始された。第1ラウンドは，5月3日～4日に北京で開催された。ちょうどボアオ・フォーラムにおける習近平主席のさらなる対外開放の提案もあり，

表6-4 米中通商協議（2018年5月3日～4日）

基本的要求	
(1)米国の対中輸出に対する不適切な関税および非関税障壁を排除する。	
(2)技術移転および知的財産に関連する中国の政策および慣行に対処する。	
(3)中国における米国のサービス提供者を米国における中国のサービス提供者と同等に待遇する。	
(4)米国の農家や農産物を標的としない。	
具体的要求	
第1条	貿易赤字の削減：2000億ドルの対中赤字削減（2018年6月からの12ヵ月，2019年6月からの12ヵ月にそれぞれ1000億ドル）。
第2条	米国の技術・知的財産の保護：「中国製造2025」の重点産業への補助金廃止，サイバー窃盗禁止，WTO提訴の撤回。
第3条	敏感な技術への投資制限。
第4条	中国における米国の投資：出資制限の撤廃，公平な待遇，ネガティブリストの改訂。
第5条	関税・非関税障壁：米国の関税水準との格差是正。
第6条	米国のサービスとサービス提供者：公平な待遇。
第7条	米国の農産物：市場アクセスの改善。
第8条	実施：四半期ごとの進捗状況の検討，WTO提訴の撤回，転送・瀬取りの監視。

資料："Balancing the Trade Relationship between the United States of America and the People's Republic of China"（http://xqdoc.imedao.com/16329fa0c8b2da913fc9058b.pdf）, accessed on May 8, 2018.

米中協議の前進が期待された。しかし米国側が中国に提示したとされる「枠組み草案」はかなり厳しい内容となった。この「草案」は公式発表がなされたわけではないが，インターネット上に掲載され，それに基づく報道もなされた（*Financial Times*, May 8, 2018）。しかしその内容は，とても中国側が簡単に同意できるものではなく，しかも中国側に「具体的かつ検証可能な行動」を求めるものであった（表6-4）。

とくに米国の対中貿易赤字を2年間で2,000億ドル削減する，しかも米国の対中輸出を拡大する形で貿易赤字を削減するという数値目標は，中国にとってはかなり受け入れ難い指標となった。中国の統制的な経済運営をもってすれば，米国側のこの要求を実現することは可能かもしれない。しかしそれでは，恐らくは公正な市場競争を毀損するような手段が講じられることとなり，米国が中国に求めている市場経済志向型の経済改革からはほど遠い政策措置となる。また米国が講じた対中輸入制限措置について，米国側は中国がWTOに提訴しないこと，またすでに提訴した案件については，その撤回を求めるなど，およそ合意を目指そうとしているとは思えないような提案がなされた。恐らくこのような交渉方法がトランプ流の「ディール」の作法なのであろう。

米中通商協議の第2ラウンドは，5月17日〜18日にワシントンで開催された。第2ラウンドの焦点は，⑴米国産農産物やエネルギーの輸入拡大，⑵米国の対イラン・北朝鮮制裁に絡む合意に違反したとして，米企業からの部品調達を7年間禁じられた中国通信大手・中興通訊（ZTE）に対する制裁の緩和，⑶産業高度化プラン・「中国製造2025」に基づく中国の技術・知的財産の取得や補助金を中心に据えた産業政策の取り扱いであった。

米中両政府が発表した通商協議の共同声明では，次のような一般的な合意がなされた（『新華網』2018年5月20日）。

⑴両国は米国の対中赤字を実質的に削減すること，中国は米国製品・サービスの購入を増加させること，これは米国経済の成長と就業確保に繋がる。
⑵米国の農産物とエネルギーの対中輸出を増加する。
⑶両国は知的財産権の保護強化に努める。中国は「特許法」を含む関連法規の改訂を進める。
⑷両国は双方向の投資を奨励し，公平な競争が可能なビジネス環境づくりに努める。
⑸両国はハイレベル協議を引き続き継続する。

必ずしも全面合意にはいたらなかったものの，米中両国が関税措置を停止し，より広範な合意を目指すことで合意したことを受けて，米国側代表のムニューシン財務長官は，「米中貿易戦争」は一旦「保留」にすると言明した（*Reuters*, May 22, 2018）。

ところが，5月29日にトランプ大統領は，6月15日までに対中制裁関税の最終候補品目を公表すると発表した。トランプ政権としては，折から米朝首脳会談の開催により北朝鮮との直接対話のルートが整ったこともあり，通商協議において中国に対する特別の配慮が必要なくなったのかもしれない。しかしながら，トランプ政権の突然の交渉姿勢の変化により，中国側の米国に対する不信感は一気に強まった。

表6-5　通商法301条に基づく米中両国の制裁・報復措置

	発動時期	米国の制裁措置	中国の報復措置
第1弾	2018年 7月6日	自動車，産業機械など818品目（340億ドル）に25%の追加関税	大豆，牛肉，自動車など545品目（340億ドル）に25%の追加関税
第2弾	8月23日	半導体，プラスチック製品など279品目（160億ドル）に25%の追加関税	石炭，古紙，化学品など333品目（160億ドル）25%の追加関税
第3弾	9月24日 2019年 5月10日	食料品，家電など5,745品目（2000億ドル）に10%の追加関税 追加関税を25%に引き上げ	LNG，木材など5207品目（600億ドル）に5%～10%の追加関税 2019年6月1日 追加関税を最大25%に引き上げ
第4弾	9月1日	スマートウォッチなど3,798品目3,000億ドル相当に15%の追加関税 薄型テレビ，セーター類などリスト4A（3,243品目・1,200億ドル）発動 ➡2020年1月15日合意で7.5%に	原油，農産品など5,078品目（750億ドル）に5%～10%の追加関税 原油，食品などのリスト1（1717品目）発動
	12月15日	スマホ，ノートPCなどリスト4B（555品目・1,600億ドル）発動予定 ➡2020年1月15日合意で見送り	農産品，乗用車などリスト2（3,361品目）発動予定

資料：米国White House, USTR，中国外交部，商務部のHPより作成。

第3節　対中追加関税の発動

1. 対中追加関税

2018年6月15日にトランプ大統領は，中国による米国の技術・知的財産の窃取，そして中国の不公正な貿易慣行に対する制裁措置として，500億ドルの中国産品に対して25%の追加関税を課すこと，また中国が報復措置をとった場合，米国は今後とも追加関税賦課を続けていく方針を明らかにした（White House［2018b］）。これに対して，中国も米国の制裁措置に対応する報復措置を相次いで発動した。その後，米中両国が相互に発動した制裁・報復措置は第1～4弾に及び，米中関係は文字通り「貿易戦争」の様相を呈した（表6-5）[4]。

4）　通商法301条調査の発動から，第1段階合意にいたる追加関税の詳細については，日本貿易振興機構［2020］を参照。

図6-2　米中両国の追加関税発動後の関税率

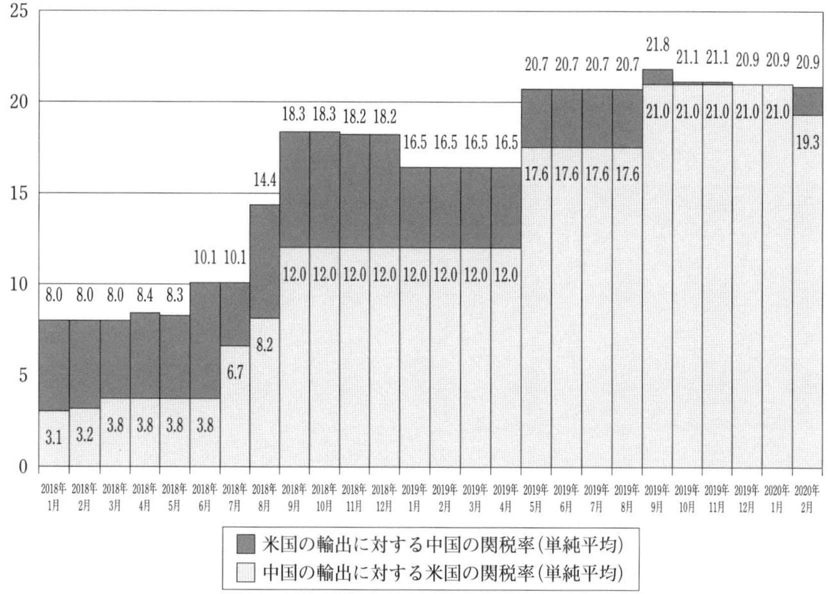

資料：Bown［2020］より作成。

米国の中国からの輸入品に対する追加関税の対象品目は，制裁目的に沿った技術・知的財産の関連品目を中心に選択され，適用除外品目も適宜発表されて，適用時期の調整も加えられた。しかし，追加関税が第1～4弾と進行するに伴い，関税が段階的に引き上げられ，対象品目も広げられたことから，米中貿易における相手国からの輸入品に対する平均関税率も上昇していった（図6-2）。2018年上半期はわずかな上昇にとどまっていたが，同年7月～9月には3.8%から12.0%に上昇した。その後は大きな変化がみられなかったものの，2019年6月～9月にさらに上昇し，2019年9月には21.0%の高水準となった。これに対する中国の報復措置は，もともと中国の米国からの輸入品に対する平均関税率が8.0%と高かったこともあり，米国の追加関税に伴う平均関税率の上昇をさらに上回る高関税となった。

結果として，米国側からみれば，中国からの輸入品に対する平均関税率は，追加関税が発動される前の2018年に比べて実に6倍以上の高関税となった。

図6-3 米中両国の相手国からの輸入に適用される関税率

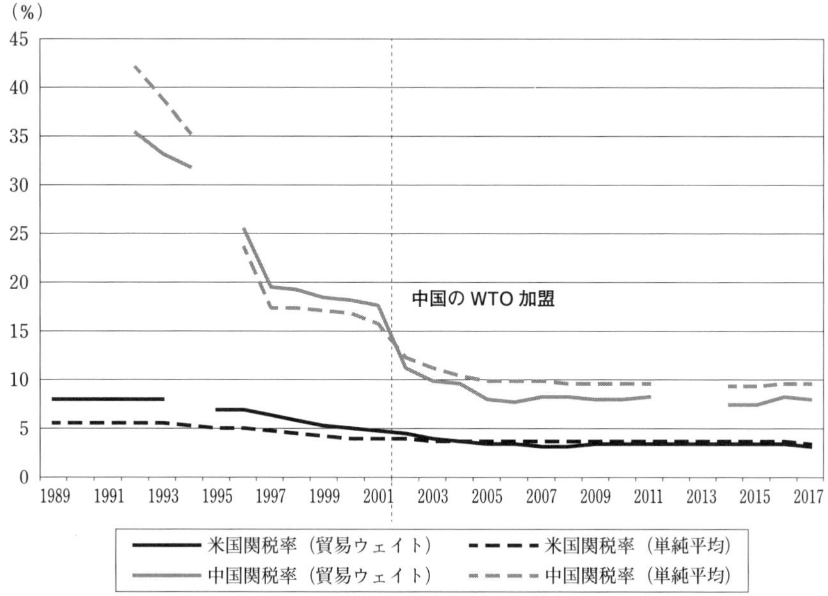

資料：Bown［2019: 22］より作成。

20% 超の平均関税率といえば，WTO 加盟前に中国が米国産品に対して課していた関税率に匹敵する（図6-3）。2019 年秋からは，米国がこれを上回る高関税を中国産品に課すことになったのである。

2. 米中通商協議の継続

トランプ政権初の対中追加関税の発動後，米中両国は通商協議の再開に動いた。2018 年 11 月にはトランプ大統領が習近平主席に電話をかけて首脳会談の開催を提案した。この提案に基づき，翌 12 月のアルゼンチンでの G20 サミットに際して米中首脳会談がもたれ，追加関税の 90 日間の延期と協議の継続が合意された。ところが，首脳会談の当日にカナダ当局が華為の孟晩舟副会長を逮捕したことから事態は急変し，トランプ政権はより包括的な合意形成に動いた。具体的には，(1)技術移転の強制，(2)知的財産権の保護，(3)非関税障壁，(4)サイバー攻撃・窃取，(5)サービスと農業の 5 分野で直ちに協議を開始し，90

日以内に合意に達しなかった場合には，第 3 弾の 2,000 億ドル分の追加関税を 25% に引き上げるとした（White House［2018c］）。

その後の 90 日間，米中両国の作業グループは北京とワシントンで 3 回のハイレベル協議を実施し，米中貿易協定の原則と内容に関して初歩的な共通認識に達した。2019 年 2 月 25 日，米国は 3 月 1 日から中国からの輸入品 2,000 億ドル分に対する関税の引き上げを延期すると発表した。同年 3 月～4 月に米中両国の作業グループはさらに 3 回のハイレベル協議を行い，多くの問題に関して一致をみることとなった。実際に，この期間に開催された米中通商協議に関する新華社のプレスリリースでは，「実質的な進展」や「新たな進展」という文言が並んだ。

ところが，2019 年 5 月，合意間近とみられた協議文書が中国側の反対により破棄された。2018 年 12 月の首脳会談以後の協議を通して 150 ページ，7 章からなる協議文書が作成され，英語・中国語の表記を詰める段階にまで進んでいた。しかし米国知的財産の窃取，強制的な技術移転，競争政策，金融サービスの開放，通貨操作といった米国側の不満を解決するために，中国が法改正に乗り出すという部分を中国側が削除したことが報じられた（*Reuters*, May 8, 2019）。中国側の対応に憤慨したトランプ大統領は，ただちに制裁措置の第 3 弾の関税率を 10% から 25% に引き上げるとともに，第 4 弾・3,000 億ドル分の発動を表明した[5)]。

中国側の説明によると，協議決裂の理由は米国が最終段階で新たな要求を付け加えたためであるという。そのうちのいくつかは，中国の政治・社会的安定に直接影響するものであり，米国が追加関税を設定したことに加えて，協議決裂の責任を中国に転嫁しようとしたことに対して，中国側は強く反発した（表 6-6）。

通商協議のためにワシントンを訪れていた劉鶴副首相によると，「双方は多くの面で重要な共通認識にいたったが，中国側の懸念する 3 つの核心的問題が解決されなければならない」として，⑴合意後の追加関税を即時撤廃する，⑵

5）ただし，第 4 弾には，スマートフォン，ノート PC，衣料品など，米国の消費者に直接影響する消費財が数多く含まれていたために，即時の発動は見送られ，段階的な発動が準備された。

表6-6　米中協議の相違点（2019年4月～5月）

	米国の要求	中国の回答
インターネット	インターネットの完全開放。外国クラウドコンピューティング会社はデータを中国内に保管しなければならないとする規制の緩和。	選択的にいくつかの分野を開放。
対米輸入の増加	年間1,000億ドルの米国産品の購入。	米国の対中輸出規制もあり即座の実施は困難。
通貨操作	切り下げはせず，金融安定のために弾力的なシステムを追求。	操作の余地を狭めた厳格なシステムの構築。
監視メカニズム	協議事項を追跡・検証するメカニズムを協議文書に明記。	中国の法律を書き換える必要があり困難。

資料：*South China Morning Post*, May 28, 2019.

米国製品の輸入規模を実態にあわせる，(3)中国の尊厳を尊重することの3点を指摘した（『新華網』2019年5月11日）。なかでも(3)に関しては，米中通商協議に対する中国国内の論評「いかなる圧力にも屈しない」でも，「国家主権と尊厳を損なってはならない」ことが強調された（『人民日報』2019年5月11日）。

中国の指導部内では，中国側の過度な譲歩と米国側の「内政干渉」が問題視されたという（*South China Morning Post*, May 6, 2019）。なかでも国有企業や補助金は中国共産党の支配体制の根幹をなすものであり，これに直接・間接的に影響を及ぼす中国国内法の修正などは，とても容認できないという姿勢が示されたという。

決裂に終わった11回目のハイレベル協議と追加関税の発動後，「中米経済貿易協議に対する中国の政策・立場を説明するために」，中国政府は6月2日に「米中経済貿易協議に関する中国の立場」と題する「白書」の第2弾を発表した（国務院新聞弁公室［2019］）。「白書」は，「米国政府は中国が協議のなかで『後退した』と責めたてたが，それはまったく根も葉もない」ことであり，「中米通商協議が重大な挫折を被った責任は完全に米国政府にある」と強く反論した。もっとも，中国側としても，今後の協議の進展を期待して，「中米は相互尊重，平等互恵の精神を堅持し，善意と信義にのっとり，協議を通じて問題を解決し，意見の相違を狭め，共通の利益を拡大し，グローバル経済の安定と発展をともに守るべきである」としている。

米国の相次ぐ追加関税の発動に対して，その後，中国側もそれに見合った報復措置を発動し続けた。しかし米国の対中輸入と中国の対米輸入の規模の違いから，中国の報復措置は「弾不足」となり，次第に米国の制裁措置に十分に対応しうる措置が打ち出しにくい状況に陥った。そして2019年6月末のG20大阪サミットに際して開催された米中首脳会談では，トランプ大統領がいう「歴史的」合意に向けての協議再開で両首脳は一致をみた。

第4節　貿易・投資管理措置の強化

1．国防授権法の成立

対中貿易制限措置としての追加関税に加えて，トランプ政権は米国の技術・知的財産を管理するために貿易・投資管理措置の強化に努めた[6)]。2018年8月に米国では，「2019年度の国防予算に関するジョン・マケイン国防権限法」（NDAA：John S. McCain National Defense Authorization Act of FY2019）が議会を通過し，トランプ大統領の署名により成立した。NDAAには，安全保障の観点から，輸出管理規制に関する「輸出管理改革法」（ECRA：Export Control Reform Act）と「対米投資規制に関する外国投資リスク審査現代化法」（FIRRMA：Foreign Investment Risk Review Modernization Act）が組み込まれている（第XVII編）。ECRAは2001年に失効した「輸出管理法」[7)]（EAA：Export Administration Act）に代わる輸出管理の基本法であり，FIRRMAは上述した「2007年外国投資及び国家安全保障法」（FINSA：Foreign Investment and National Security Act of 2007）以来の改革である。

ECRAとFIRRMAがNDAAに組み込まれたのは，「米国が科学，技術，工学，製造部門において主導的な立場にある」ことが，米国の安全保障に必要であるとの前提に基づいている。しかも輸出管理は「特定の国に対する重要技術の移転を含む米国への直接投資を規制する法令に基づく国家安全保障政策を補完し，国家安全保障政策の重要な要素となる」ことから，輸出管理と直接投資

6)　米国の中国に関連する貿易・投資管理措置の詳細については，一般財団法人安全保障貿易情報センターの特設サイトを参照（安全保障貿易情報センター［2019］）。

7)　後述する「輸出管理規則」（EAR：Export Administration Regulations）の上位法。

規制は相互に連繫づけられている。このようにECRAとFIRRMAは，いずれも軍事利用可能な先端的民生技術が安全保障上の懸念国に流出することを抑制・阻止するためにとられた措置である。

2.「輸出管理改革法」(ECRA)

米国の輸出・再輸出管理では，(1)防衛関連品・サービス，(2)経済制裁・資産凍結，(3)原子炉関連品，(4)核燃料生産技術，(5)特許申請に含まれる非機密技術，(6)米国の政策として外国に提供される関連品目については，それぞれ個別の法律に基づき所管連邦政府機関により，安全保障・外交政策の観点から輸出・再輸出管理がなされている。これらに該当しない品目に関してはECRAおよび同法に基づく「輸出管理規則」(EAR)により商務省産業安全保障局(BIS)が管理している。

ECRAは「2018年輸出管理法」(ECA)と「2018年反ボイコット法」(ABA)[8] からなる。ECAでは，米国の安全保障にとって不可欠であり，現行の輸出規制では補足できていない「新興技術」(emerging technologies)と「基盤技術」(foundational technologies)が新たに規制対象とされた。これら技術を米国から持ち出す場合，また付加価値が一定以上含まれた製品を外国から第三国に輸出(再輸出)する場合には，BISの許可が必要となる。管理対象となる技術は，(1)外国での開発動向，(2)米国内での技術開発に及ぼす影響，(3)外国への拡散制限に及ぼす効果に基づき判断されるが，2018年11月にBISがパブリックコメントを求めた際に，新興技術分野のリストが付されている(表6-7)[9]。一方，「基盤技術」とは，既存の成熟技術であり，米国の安全保障上の優位性確保の観点から規制が必要な技術である。

ECRAでは，商務省規制品リスト(CCL)規制に加えて，最終用途規制と最終利用者規制が適用される。前者については，大量破壊兵器，軍事，テロ用途規制が適用される。一方，後者については，現時点では「禁輸国(武器禁輸国を含む)」に限られるが，中国は「武器輸出国」であるため規制対象となる。

---

8) ABAは，米国企業およびその海外子会社が，米国と友好関係にある国に対する認可外のボイコットに参加することを禁じている。

9) 新興技術の具体的定義は，パブリックコメントに加えて新興技術諮問委員会でも検討がなされる。

表 6-7　「輸出管理改革法」の「新興技術」

(1)生命工学	(8)物流管理技術
(2)人工知能（AI）・機械学習技術	(9)積層造詣技術（3D 印刷）
(3)測位システム技術	(10)ロボット工学
(4)マイクロプロセッサー技術	(11)ブレイン・コンピュータ・インターフェース
(5)先端コンピュータ技術	(12)極超音速
(6)データ分析技術	(13)先端材料
(7)量子情報・センシング技術	(14)先端監視技術

資料：*Federal Register*, Vol. 83, No. 223, November 19, 2018.

このほか，ECRA は「新興技術」と「基盤技術」といった「技術」の輸出規制とみられるが，「製品」や「ソフトウェア」も含めて「技術」と定義されているケース，製品化の事例が挙げられているケースもあり，「製品」，「技術」，「ソフトウェア」の輸出規制であるといえる。また米国内において懸念国の国籍保有者に技術を供与した場合，米国で開発された技術を第三国において懸念国の国籍保有者に供与した場合も「みなし再輸出」として管理対象となる。

3.「外国投資リスク審査現代化法」（FIRRMA）

ECRA と同時に，外国投資を審査する対米外国投資委員会（CFIUS）の権限強化を目的とした FIRRMA が成立した。2007 年の FINSA に続く CFIUS 強化策である。FIRRMA で投資規制対象として新たに追加された「重大技術」（critical technology）は，(1)武器，(2)国際レジーム[10] に基づく規制品，(3)原子力（外国の原子力活動支援関連），(4)原子力（輸出入管理関連），(5)特定化学剤・毒素に加えて，(6) ECRA の「新興技術」と「基盤的術」がそのまま投資規制対象となっており，ECRA と FIRRMA の連繋が図られている。

なお，FIRRMA の施行規則がすべて有効となるまでの措置として，2018 年 11 月に「重大技術パイロットプログラム」（CTPP）が開始された。これは外国人・事業体が米国事業の株式を取得し，「重大技術」に関する意思決定に影

10）(1)原子力供給国グループ（NSG），(2)ザンガー委員会（ZC：核拡散防止条約（NPT）第 3 条第 2 項の規制対象となる原子力専用品の輸出管理），(3)オーストラリア・グループ（AG：生物・化学兵器の不拡散），(4)ミサイル技術管理レジーム（MTCR），(5)ワッセナー・アレンジメント（WA：通常兵器および関連汎用品・技術の輸出管理）など（大橋［1998：第 3 章］）。

表6-8 「外国投資リスク審査現代化法」パイロットプログラム対象産業

航空機	原子力発電	ナノテクノロジー研究開発
航空機エンジン・部品	光学機器・レンズ	バイオテクノロジー研究開発
アルミナ精錬・一次精錬	基礎無機化学製品	二次精錬・合金アルミニウム
ボール・ローラー軸受	誘導ミサイル等部品・補助装置	航空・航海用探索・誘導装置
コンピュータ記憶装置	石油化学製品の製造	半導体
コンピュータ	粉末冶金部品	半導体製造装置
誘導ミサイル・宇宙機	電源・配電・特殊変圧器	蓄電池
誘導ミサイル等推進装置・部品	一次電池	電話装置
軍用装甲車・戦車・部品	放送・無線通信装置	タービン・タービン発電機

資料：*Federal Register*, Vol. 83, No. 197, October 11, 2018.

響を与えたり，関連情報を収集したりする動きに備えた措置である。ここでは27製造分野における「重大技術」が審査対象とされた（表6-8）。

さらにFIRRMAでは，次のような改正が目的とされた。

第1に，審査対象が拡大された。米国企業に対するM&Aでは，「企業を支配する投資」のみならず，「非支配」型の小規模投資であっても，(1)非公開技術情報へのアクセスを可能とする投資，(2)重大技術・インフラ，センシティブな個人情報に関する意思決定に関与できる投資は新たに審査対象とされた。

第2に，特定取引の事前審査が義務化された。重大技術・インフラなどを所有する米国企業の経営に影響を与える投資のうち，外国政府の影響下にある投資家による投資案件に関しては，事前審査が義務づけられた。

第3に，不動産の取得（グリーンフィールド投資）も審査対象取引に加えられた。ここでは，(1)米国の空港・港湾の施設またはその近隣の不動産，(2)軍事施設・安全保障上機微な米国政府施設の近隣の不動産，(3)これら施設に対する外国人の諜報取得が可能となる物件が事前審査対象とされた。

第4に，審査に際しての考慮すべき要素が追加された。具体的には，(1)「特別懸念国」の関与，(2)米国の安全保障の能力を脅かすような産業・商業活動の支配，(3)規制取引に関連する外国人の米国法規制の遵守状況，(4)サイバー・セキュリティの脆弱性を新たに生じさせるような影響，(5)重要インフラ，エネルギー，原料，技術の外国人支配による安全保障への影響，(6)個人情報，遺伝子情報，その他の米国市民のセンシティブなデータへのアクセスである。

4. 中国製通信・監視機器などの政府調達禁止

輸出管理と対米投資規制に加えて，NADDでは，米国政府機関による特定中国企業5社からの通信・監視関連機器の購入，およびそれら機器を利用している企業との取引が禁止された（889条）。特定中国企業5社は，通信機器メーカーである，(1)華為技術，(2)中興通訊（ZTE），監視装置・通信機器メーカーの，(3)杭州海康威視数字技術，(4)杭州大華技術，(5)海能達通信であり，具体的には，次の2段階の規制措置がとられた。

第1段階（2019年8月〜）：特定5社の製品・サービスを主要な部品，重要な技術として利用している機器・サービスの政府機関による調達，取得，使用，契約および契約延長・更新の禁止。

第2段階（2020年8月〜）：これらの製品・サービスを主要な部品，重要な技術としている通信機器・サービスを利用している企業と政府機関との契約および契約延長・更新の禁止。

5. エンティティ・リストへの掲載

国防授権法（NDAA）に明記された措置に加えて，米国の「輸出管理規則」（EAR）に基づくエンティティ・リスト（EL：Entity List）への掲載も，中国企業・団体に対する制裁措置の一環として実施された。ELは，米国の国家安全保障・外交政策上の利益に反する者や大量破壊兵器（WMD）拡散懸念者のリストであり，掲載者に対しては輸出などが規制される（「不許可」や「案件ごとの判断」）。

中国企業に関しては，従来は不正輸出に関与したためにELに掲載されることが多かった。たとえば，中興通訊（ZTE）は，2016年3月，イラン制裁違反を理由にELに掲載され，一部品目の取引が停止された。2017年3月にZTEは罰金・監視などを条件に米国政府と和解し，執行猶予付きで取引禁止顧客リスト（DPL：Denied Persons List）[11]に掲載された。しかし2018年4月に執行猶予期間中の虚偽報告が判明し，ほぼ全品目の取引が停止された。結局，同年

11）米国の「輸出管理規則」（EAR）に対して悪質・重大な違反を犯し，輸出などの特権を剥奪された者のリスト。

表6-9　エンティティ・リスト掲載事例

時期	掲載企業・団体	掲載理由
2018年8月	中国航天科工集団，中国電子科技集団傘下の44企業・研究所	軍事用途の不正調達，米国として許容できない軍事用途活動に関与。
2018年10月	晋華集成電路（JHICC）	国家支援により米国企業が不利益を被ることに伴う国防関係サプチェーンの確保困難。
2019年5月	台州中浮新材料科技有限公司など6社	地方政府主導の軍民融合企業。
2019年5月	華為技術と関連企業68社	イラン制裁違反など（2019年1月起訴）。
2019年6月	中科曙光などスパコン関係5社	軍事用途，解放軍の研究所による所有。
2019年8月	中国広核集団	原子力技術窃取（2018年10月起訴）。原子力空母，原子炉・発電所などに活用可能。
2019年8月	華為技術と関連企業46社	イラン制裁違反など（2019年1月起訴）。
2019年10月	新疆ウイグル自治区公安局・傘下19政府機関，杭州海康威視数字技術など監視関連企業8社	ウイグル人，イスラム教徒などに対する人権侵害・虐待。

資料：安全保障貿易情報センター事務局［2020］。

6月にZTEは10億ドルの罰金を支払うこと，法令順守を監視する米国人監査役を受け入れ，10年間の監視を受けることで和解し，制裁解除にいたった。

しかし米国の対中制裁が本格化してからは，中国の「軍民融合」[12] 企業や国家プロジェクト企業を対象にして，「米国として許容できない軍事用途活動に関与」した場合，また中国の国家支援を受けた企業の操業開始により，米国企業が不利な立場に陥り，「国防関係のサプライチェーンの確保が危うくなる」場合など，従来とは異なる理由でのEL掲載が増えてきている（表6-9）。

さらに2019年10月には，新疆ウイグル自治区におけるウイグル人，カザフ人，その他の少数派イスラム教徒に対する弾圧，恣意的な大量拘禁，高度技術を駆使した監視などに加担したとして，人権侵害の理由で中国の政府機関・企業がELに掲載された。これまでは主に「米国の安全保障上の利益に反する」ことがEL掲載の理由であったが，このケースは，「米国の外交政策上の利益

12）緊急事態における民間資源の軍事利用に加えて，平時における民間資源の軍事利用や軍事技術の民間転用などを推進する政策措置であり，2016年に軍民融合産業発展基金，2017年には習近平主席を主任とする軍民融合発展委員会の設置が決まり，重点分野として海洋，宇宙，サイバー，人工知能（AI）などの分野における取り組みが強調されている。

に反する」ことが理由となった。

なお，華為技術については，これまでも創業者・任正非氏の人民解放軍との関係，「国家情報法」[13] に基づく中国政府との協力関係などが指摘されてきたが，EL 掲載に先立ち，同社は2019年1月にイラン制裁違反に伴う金融詐欺の容疑，企業機密窃取の容疑で起訴されている。2020年2月の追起訴では，(1)北朝鮮制裁違反（制裁対象国との取引とその隠蔽工作），(2)企業機密窃取（責任回避のための社内隠蔽工作，窃取行為に対する報奨制度，窃取技術による収益拡大・研究開発コスト削減に伴う不当な競争優位），(3)威力脅迫・腐敗組織（イラン・北朝鮮制裁違反と企業機密窃取＝腐敗組織による組織的犯罪）の容疑が挙げられている（U.S. Department of Justice［2020］）。

6. 技術・知的財産の移転・窃取ルートの管理

このほか，米国技術・知的財産の中国への移転・窃取ルートを制限するために，中国人留学生・研究者などの非伝統的情報収集者に対するビザの制限，窃取・スパイ行為の疑義のある者に対する法的措置，大学に提供される研究資金に対する検査などが実施された。たとえば，2018年6月に国務省は，「中国製造2025」で指定された優先分野を研究する中国人大学院生の査証（ビザ）の有効期限を5年から1年に短縮した。他の理工系分野でも，ビザ更新は大幅な遅延に直面した。さらに一部の中国人研究者や非理工系分野でも，スパイ行為や情報活動の懸念から，ビザの取消しや見直しが相次いだ。ビザ管理は「米中貿易戦争」の新たな「武器」になったのである（*National Public Radio*, April 25, 2019）。

このような動きに対応して，米国の大学は連邦捜査局（FBI）と緊密な関係を築いており，研究者に国外研究資金源の開示を奨励し，彼らの国外移動の管理を強化している。FBI によると，中国が関与する知的財産の窃取に関連する未解決事件は約1,000件に達しているという（Subbaraman［2020］）。このようにトランプ政権は，米国の大学・研究機関の強みでもある開放性・創造性とト

13）米中関係の争点のひとつが「国家情報法」第7条「いかなる組織及び国民も，法に基づき国家情報活動に対する支持，援助及び協力を行う」（国務院法制弁公室［2017］）の部分である。

レードオフの関係に転化しうる管理強化に踏み切ったのである。

第5節 対中制裁措置の初歩的成果

1. 米中通商協議の経過

2018年3月に米国が通商法301条調査に基づく対中制裁措置の発動に言及すると，翌4月のボアオ・フォーラムでは，習近平国家主席が，米国の関心事項である，(1)輸入の拡大，(2)金融部門の含む一層の対外開放，(3)知的財産保護のさらなる強化を提起した。しかし米国からみると，いずれも具体性に欠ける提案にとどまった。

対中制裁措置が現実に発動されてからは，米中通商協議が繰り返されたものの，米中双方の見解の相違が著しく，協議は袋小路に陥った。2018年末のG20アルゼンチン・サミット時の米中首脳会談では，3ヵ月間の「休戦」期間を設けて，膠着状態の打開を図ることとなった。

この「休戦」期間を迎えた2018年12月に，中国では対米21字方針＝「不対抗，不打冷戦，按步伐开放，国家核心利益不退譲（対抗せず，冷戦せず，漸進的に開放し，国家の核心利益は譲歩せず)」が提起され，「主戦論」(「以戦止戦」)からの軌道修正が伝えられた（『香港経済日報』2018年12月10日)。2019年3月の全国人民代表大会の李克強首相の政府活動報告でも，「米中経済貿易摩擦に穏当に対応」したことが言及された。もっとも，中国のSNSでは，同時にきわめて狭隘なナショナリズムに根差した「愛国」的な反応がみられた。

2. 通商法301条調査の初歩的成果

301条調査の初歩的成果は，まず2019年3月の全国人民代表大会における立法措置・条例改正にみられた。USTRが指摘する中国の市場歪曲的慣行や差別的措置については，これまで日本政府（経済産業省『不公正貿易報告書』）やEU委員会，また在中国外国商工会議所・外資企業などにより，長らく指摘されてきた点も少なくない。USTRは，これら外国政府・ビジネス団体・企業が収集した事例にも言及しつつ，大部の報告書を短期間のうちにまとめあげ，中国との通商協議のための材料としたのである。たしかに中国政府も2度の

「中米経貿関係白書」の発表を通して，米国に向けて正当な反論を繰り返した。たしかに，その積極的かつ時宜を得た対応は注目に値するが，客観的な材料の提示や独自調査に基づく説明はきわめて限定的である。このように中国商務省と比べると，USTR の調査・分析・プレゼンテーション能力はやはり圧倒的であるといわざるをえない。

2019 年の全人代における注目すべき動きは，これまで外資企業に対して適用されてきた「外資企業法」,「中外合資経営企業法」,「中外合作経営企業法」の「外資三法」に代わって，外資に関する基本法・「外商投資法」が成立したことである。これに先立ち中国では，2015 年 1 月に「外国投資法（草案）」が公開されたことがある。しかし審査・認可制から届出制への変更など，この「草案」で規定された制度変更は，すでに先行して実施されており，その後，「外国投資法」の立法化に関する具体的な動きはみられなくなった。今回の「外商投資法」には，技術強制移転の禁止，知的財産権保護の強化，内外企業の待遇格差の是正，外資企業の外国送金の自由の確保などの重要な措置が明記されている。このうち，強制的な技術移転の禁止は，米中通商協議の主要な争点であるが，2015 年の「外国投資法（草案）」ではみあたらなかった規定であることから，301 条調査の成果のひとつと考えられる。

同様に，「技術輸出入管理条例」でも，⑴中国への輸入技術が他人の権利を侵害した場合に技術供与側が責任を負うこと（第 24 条第 3 項），⑵移転後の改良技術は改良した側に帰属すること（第 27 条），⑶技術輸入契約の制限的条項を禁止すること（第 29 条），以上の制限条項がすべて削除された。この結果，従来は技術供与側が一方的に負担しなければならなかった不利益条項は，契約により当事者間で自由に決定できるようになり，より公平で対等な立場での技術供与の環境が整備された。これも 301 条調査の重要な成果であろう。

次の課題は，整備された外資・技術移転関連法・条例が，実際のビジネスの現場において有効に施行されるか否かである。米国はこれを保障・検証するメカニズムの構築を中国側に求めたが，中国側は「内政干渉」であるとして一貫して否定的な対応を示し続けた。

3. 部分合意に向けて

米中通商協議は，上述したように，2019 年 5 月に初歩的な合意に到達する直前に決裂した。これを受けて発表された中国の「中米経貿関係白書」の第 2 弾を報じた新華社電は，「貿易戦争では，中国は戦うことを厭わず，戦うことを恐れず，必要な時には戦わざるをえない，この態度が変わることはない（対於貿易戦，中国不愿打，不怕打，必要時不得不打，這個態度一直没変）」と報じるなど，米中通商協議に対する中国側の姿勢にも大きな変化がみられるようになった（『新華網』2019 年 6 月 2 日）。

その後，2019 年 6 月末の G20 大阪サミット時に開催された米中首脳会談において，通商協議の再開が同意された。これを受けて 7 月末，10 月半ばに閣僚協議が行われ，10 月には部分合意が伝えられた。そして 12 月 13 日には，米中両国政府から通商協議が「第一段階合意」に達したことが発表された。この間，香港で繰り広げられた大規模な民主化デモ，さらにこれを支援する米国議会の香港人権・民主主義法の成立などの動きが，米中関係全般に微妙な影響を与えた。

1 年半に及ぶ米中通商協議の詳細な内容・経緯は明らかではないが，2019 年夏から秋にかけて，米国側は通商協議を進める一方で，関税率の引き上げ，第 4 弾の追加関税，さらには「為替操作国」の認定と，中国に対して圧力をかけ続けた。これに対して，中国の報復措置はすでに「弾不足」であることが明らかであった。米中通商協議では，どうやら米国の対中制裁措置という一連の強硬策が奏功したようである。

2019 年末までの米中通商協議では，中国による米国産農産品輸入の拡大，人民元安誘導の抑制，中国による知的財産権保護の強化，金融市場の対外開放などの面で暫定的な合意がなされた。しかし強制的な技術移転の禁止とその履行検証メカニズムの構築，産業補助金の削減・撤廃，華為などの中国企業に対する制裁の解除といった重要な争点は，積み残されたままとなった。

終　章　米中経済関係の展望

第1節　米中通商協議の第一段階合意

1. 第一段階合意の内容

2020年に大統領選の再選を目指すトランプ政権は，米中協議の早期合意を模索し続けた。米中通商協議を繰り返した後，両国は2019年12月に第一段階の合意に達し，「貿易戦争」は暫時「停戦」を迎えた。2020年1月15日に訪米した劉鶴副首相とトランプ大統領が署名した合意文書によると，中国は今後2年間に2,000億ドルを上回る米国産品を輸入することになった（表終-1)。一方，米国は2019年12月15日に予定していた制裁関税・第4弾のリスト4B（555品目・1,800億ドル）の発動を見送り，同年9月に先行実施したリスト4A（3,243品目・1,200億ドル）の関税率を半分に引き下げた。

ところが，第一段階合意を一読すれば明らかなようは，その多くはすでに発表・実施済みの事項が再確認されたにすぎない内容となっている。

第1に，強制的な技術移転については，上述したように，すでに2019年3月の全国人民代表大会で「外商投資法」が立法化され，強制的な技術移転の禁止，知的財産保護の強化，内外企業の待遇格差の是正，外資企業の外国送金の自由の保障などが明記された。同様に，「技術輸出入管理条例」の技術供与側の制限条項も削除された。

第2に，金融サービスの対外開放は，習近平総書記や李克強首相がたびたびその意向を表明しており，2019年11月の「外資工作をさらに適切に実施することに関する国務院の意見」でも，外資銀行，証券会社，基金管理会社の業務内容に関する規制を全面的に撤廃することが表明されている（『中国政府網』

表終-1　米中通商協議の第一段階合意の概要

(1)貿易の拡大	中国は今後2年間に2017年水準に比べ，対米輸入を2,000億ドル以上拡大(2020年767億ドル，2021年1,233億ドル)。うち，工業製品777億ドル，農産品320億ドル，エネルギー524億ドル，サービス379億ドル。
(2)知的財産	知的財産の保護と執行の強化。企業機密流用の民事賠償の範囲拡大。中央・地方政府に提示された未公開情報の開示禁止。特許期間延長，悪意ある商標登録の無効化。
(3)技術移転	外国企業に対する技術移転圧力の禁止。技術移転・使用許諾は自発的な市場取引に基づく。国家が海外技術の取得を目的に指示・支援する対外投資の禁止。
(4)農産品	中国は毎年400億ドルの米農産品を輸入。農家支援の透明性に関するWTO義務の尊重，小麦等の関税割当の改善。科学的評価に基づかない食品安全規制の禁止。
(5)金融サービス	2020年4月1日までに証券サービスの外資出資制限を撤廃。年金サービスの米国企業の出資規制撤廃，銀行サービスの支店網や証券保管業務の機会拡大。
(6)マクロ経済政策と為替レート	市場が決定する為替レートの仕組みを達成・維持。大規模・継続的，一方的な介入，通貨の競争的な切り下げの抑制。競争力維持と為替レート目標の分離。
(7)相互評価と紛争解決	本合意の実行を協議する「貿易枠組みグループ」の設置。同グループは，USTR代表と中国副首相が率いる。財務長官と副首相によるマクロ経済対話の再開。

資料：Bisio et al.［2020］より作成。

2019年11月7日)。

第3に，為替レート操作については，第一段階合意とともに，米財務省による「為替操作国」の認定が解除された。また中国の通貨当局が実際に為替介入を実施しなくなってから，すでにかなりの時間が経過していた。

しかも米国の対中制裁関税の大部分は，第一段階合意後も継続されたままである。「貿易戦争」の最中に通過した「国防授権法」に基づく輸出管理の強化や対米投資審査の厳格化，中国企業に対する禁輸措置，米国政府の中国企業からの調達禁止といった一連の制裁措置も依然として継続されている。

2．第一段階合意の課題

米中通商協議の第一段階合意は，少なからぬ課題も抱えている。米中通商協議の当初から，トランプ政権は中国による米国産品2,000億ドルの購入にこだわり続け，第一段階合意文書にこれを明記することに成功した。しかしながら，中国が2020～2021年に2,000億ドルの対米輸入を実現することは，かなり非現実的な目標であるといわざるをえない。

第1に，米国が対中制裁措置に踏み込む直前の2017年実績に基づけば，第一段階合意で取り上げられた米国産品は，米国の対中輸出の7割程度にすぎない。そこで中国が約束通りに米国産品を購入するとすれば，2017～2021年に米国の対中輸出は2倍近くに膨れ上がることになる。つまり，今世紀に入ってからリーマンショックまでに中国が実現した高度成長期における米国の対中輸出に匹敵するほどの輸出の拡大が必要となる。しかし「新常態」下の中国経済のもとで，米国は輸出をそこまで伸ばすことは可能だろうか。しかも「貿易戦争」により中国経済の成長率はさらに鈍化しており，ましてや2020年に爆発した新型コロナウィルス感染症（COVID-19）の影響を考慮に入れると，これはほとんど実現不可能な数値目標である。

第2に，「貿易戦争」を通して，米国政府が対中輸出規制を強化してきたために，中国が購入を希望する米国産品の輸入を増やそうとしても，それが不可能であるケースが少なくない。

第3に，数値目標に代表される管理貿易的なアプローチはやはり問題山積である。中国が高関税を継続している限り，米国の対中輸出にとって中国の関税障壁はきわめて重大な影響を及ぼす。より具体的には，数値目標の実現を最優先すると，さまざまな貿易転換が起こりうる。たとえば，中国が米国からの大豆輸入を優先すれば，ブラジルなどの主要大豆生産国からの輸入が減少し，主要な対中農産品輸出国は少なからぬ影響を被る。一方，中国が第一段階合意で約束した品目以外に関しては，中国は輸入先を米国以外に転換する可能性がある。米国と合意していない品目に関して，中国は米国からそれらを輸入する必要はまったくないのである。結果として，管理貿易化は第三国のみならず，合意対象となっていない品目を取り扱う米国企業にも負の影響を及ぼすことになる。

中国経済にプラスに作用する内容であれば，中国は米中合意を待つことなく，すでにその方針を明らかにし，実施体制を整えている。ところが，第一段階合意では，米国にとっての最大の懸案である技術・知的財産の窃取，サイバー攻撃，国有企業・政府補助金の対応など，中国の包括的な構造改革と関連する争点はほぼ棚上げにされたままである。しかも中国が合意事項を達成しようとすれば，その担い手はやはり国有企業となる。合意事項を履行するために，中国政府の経済統制が一層強化されることになると，対中制裁措置の発動に際して米国が意図したものとはまったく逆の結果を招来しかねない。さらに制裁関税の発動や第一段階合意にみられる米中貿易の量的管理措置が繰り返されれば，長期的にはWTO下の自由貿易体制の毀損に繋がる懸念がある。

2020年に入ると，米国の年金基金の中国での運用や中国企業のナスダック上場に待ったがかかるようになり，「貿易戦争」は資本取引にまで「戦線」を拡大した。しかも新型コロナウィルス感染症の蔓延により，これらをはるかに上回る衝撃が米中関係にもたらされた。パンデミックへの対応をめぐる確執から，香港の国家安全法制の導入や中国の挑発的な「戦狼外交」にいたるまで，米中関係は対立の度合いをさらに強めており，米中通商協議第一段階合意の履行はきわめて厳しい状況下にある。

第2節　「貿易戦争」の影響

1.「貿易戦争」と世界経済

世界第1位と第2位の超大国間の「貿易戦争」は，もちろん世界経済に多大な影響を及ぼした。たとえば，2019年10月に発表された国際通貨基金（IMF）の「世界経済展望」は，「貿易戦争」の経済成長の押し下げ効果として，中国経済▲2.0%，米国経済▲0.6%，世界経済▲0.8%という試算を提示している（IMF［2019］）。これらの数値の妥当性は判定し難いものの，影響を受ける対象国や押し下げ幅の概況はおおむね理解できよう。

また「貿易戦争」による中国の景気後退は，その景気拡大時とはまったく逆のインパクトを世界経済に与えた。ごく短期的には，世界の株式市場や外為市場は，米中通商協議の行方に一喜一憂し続けた。なかでも「中国銘柄」は，企業パフォーマンスとは関係なく乱高下を繰り返した。一次産品・商品市場では，たとえば，銅価格のような景気の先行指標は米中通商協議の動きに敏感に反応した。同様に，景気の判断指標である輸送関連指標も「貿易戦争」の影響を強く受けた。実際に，2019年のアジア発米国向け海上コンテナ輸送量は，リーマンショック後の 2009 年以来 10 年ぶりに前年割れとなり，うち中国発米国向けは 12 ヵ月連続マイナスを記録した（『LNEWS』2020 年 2 月 12 日）。

中国の製造業の不振は，中間財貿易の停滞や一次産品価格の下落を招いた。上述したように，対中輸出依存度の高い一次産品輸出国は，間接的に「貿易戦争」の負の影響を被った。また中国が報復措置として米国産牛肉や大豆に追加関税を課したために，米国以外の主要生産国であるブラジルやアルゼンチンは貿易転換の裨益者となった。とはいえ，総じていえば，「貿易戦争」による不確実性の上昇により，設備投資に対する慎重な姿勢が支配的となり，世界的な景気後退の主因となった。

2.「貿易戦争」と中国経済

2019 年の中国経済は，「貿易戦争」による先行き不透明感が蔓延し，金融引き締めや債務増加の懸念から，企業が新規投資を，家計が消費を控える動きが広がった。その結果，同年の経済成長率は前年を 0.5 ポイント下回る 6.1% にとどまった。これは政府目標の 6.0%～6.5% の範囲内に収まったとはいえ，天安門事件後の 1990 年の 3.9% 以来の低い成長率である。

成長のエンジンである固定資産投資の伸び率は，前年実績より 0.5 ポイント減の 5.4%，工業生産も同 0.5 ポイント減の 5.7% にとどまり，現在の統計シリーズが採用されてから最低の水準となった。自動車やスマートフォンの生産拡大が頭打ちとなり，米国の制裁関税の対象品目となった衣料品，家具，産業機械などの生産も低迷した。一方，消費も社会消費品小売総額の伸び率は前年実績を 1.0 ポイント下回る 8.0% に終わり，アジア通貨危機後の 1999 年以来の低水準となった。

米国の制裁措置が直撃した対外部門では，2018 年に前年比 9.9% 増を記録した中国の輸出の伸び率は，2019 年には 0.5% 増と大幅に縮小した。なかでも対米輸出は▲13%，輸入は▲21% に終わり，リーマンショックや天安門事件の時以上の影響を受けた。米国の制裁関税の対象となった品目の対米輸出は急減し，電子・電機の生産も力強さを欠いたまま，最大の輸入品目である半導体の輸入も減少した。また中国が報復措置として，飼料となる大豆に高関税を課したために，大豆の対米輸入は大幅に減少した。

飼料価格の上昇に加えて，アフリカ豚コレラの追い打ちもあり，家計消費に大きく影響する豚肉価格が高騰し，2019年の消費者物価指数は前年比2.9%増と8年ぶりに高い上昇をみた。一方，卸売物価指数は前年比▲0.3%と3年ぶりに下落に転じた。「貿易戦争」が製造業を直撃したために，自動車，IT機器，紡織品，化学品などの値下がりが目立った。

コロナ禍に見舞われた2020年第1四半期の中国の経済成長率は実に前年同期比▲6.8%と急落した（『新華網』2020年4月17日）。コロナ禍の打撃の大きさに驚嘆するばかりであるが，中国経済はすでに「貿易戦争」により景気後退局面にあったことに留意すべきであろう。

また中国経済の構造転換という観点から「貿易戦争」を取り上げれば，皮肉なことに，これが中国経済の内需主導型成長への転換を加速化し，輸出に占める国内付加価値比率を引き上げ，競争力を失くした製造業の対外移転を促進させる契機となったと評価することができよう。しかし，いずれにせよ構造転換期にある中国経済が，従来のような高成長に回帰することは最早不可能である。

第3節　「世界の工場」の変容

1．サプライチェーンの再編

外国企業にとって，「貿易戦争」に伴う最大の関心事項は，「世界の工場」＝中国への影響である。「貿易戦争」の勃発により，米中間に構築された安定的で効率的なサプライチェーンは再編を迫られた。米中貿易における通関統計と付加価値貿易統計の差異にみられたように，米中貿易によって派生する付加価値は米中両国にとどまらず，世界的な規模でのGVCが形成されている。たとえば，米国の制裁により華為の新製品の発売が延期されたように，先進諸国では中国からの一部製品の調達が困難となった。また逆に，中国企業への部品・パーツの供給にも支障が生じた。たとえば，華為の部品・パーツの調達は世界92社から，年間670億ドルに達している（『日本経済新聞』2019年5月17日）。外国企業にとっては，やはり中国市場は無視できる存在ではない。

かつては「無制限の労働供給」が指摘されるほど，豊富かつ低廉な労働力を誘因として，世界中の製造業が生産拠点を中国に設けた。ところが，2000年代半ばになると，まず広東省の珠江デルタで労働力不足（「民工荒」）の局面が現れた。これ以後，中国では全国的に労働力や土地の供給制約が明らかとなり，生産コストの上昇が顕在化した。こうして外資企業，香港・台湾企業のみならず，中国の地場企業も生産拠点を中国から国外に移転し始めた。そして「貿易戦争」により，生産拠点の「脱中国化」の動きは加速化したのである[1]。

中国に生産拠点を持つ外国企業は，「貿易戦争」の影響を回避すべく，一部製品・生産工程を本国に帰還させたり，最終市場である米国に移管したり，生産コストの低い東南アジアに移管したりした[2]。その受け皿となった東南アジア諸国は，中国からの直接投資，生産拠点の移管に沸いており，「貿易戦争」に伴う直接投資の転換効果は，東南アジア経済にとって格好の「追い風」となった。すでに中国は，東南アジア諸国に立地する生産拠点の原材料・部品の供給基地としての役割を果たしているが，その動きは今後さらに強まるものとみられる[3]。中国の「一帯一路」構想に基づくユーラシア展開と相俟って，「貿易戦争」は地球的規模での製造業立地を転換させるとともに，2020年に勃発したコロナ禍はこの動きをさらに加速させつつある。

2. 中越経済関係の緊密化

なかでも注目されるのが，中国に隣接するベトナムへの移転である。「民工荒」が最初に顕在化した華南地区では，逸早く製造業がベトナム北部に浸透し，「華越経済圏」と呼ばれる分業関係が先行してみられた（池部［2013］）。そして「貿易戦争」が本格化した2019年に入ると，中国の対ベトナム投資は加速化し，同年上半期の中国の投資額（認可額）は前年同期比260％増の18.8億ドルに達し，従来の主要投資国である韓国（17.7億ドル）や日本（15.7億ドル）を抜いて

1） もっとも，巨大な中国の国内市場を標的にした投資はこの限りではない。また輸出生産の拠点としても，相対的に高い労働生産性，充実したインフラ，広範な支援産業，自動化の普及など，産業によっては中国にはいまだ多くの機会が残されている。

2） 中国米国商会が2019年5月に実施した会員企業向け調査によると，回答239社のうちの39.7％が中国外に製造工場を移転させることを考慮中と回答しており，具体的な移転先として，東南アジア24.7％，メキシコ10.5％，インド亜大陸8.4％，米国5.9％などが挙げられている（AmCham［2019］）。

3） たとえば，日本貿易振興機構［2019］の実態調査によると，カンボジア，ラオス，ミャンマー，バングラディシュに立地する日系企業の場合，原材料・部品の調達先の20％～25％が中国となっている。

図終-1　ベトナムの輸出と付加価値比率

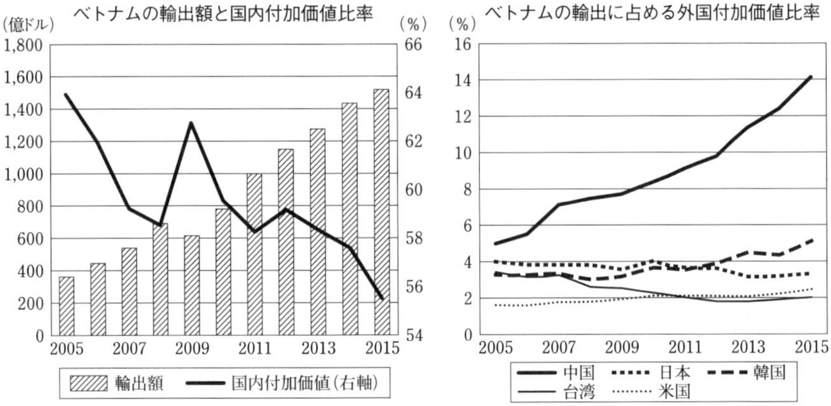

資料：OECD, “Trade in Value Added (TiVA) 2018” より作成。

ベトナムに対する最大の投資国となった（General Statistics Office［2019］）[4]。

中国企業や中国に立地する外資企業の進出を受けて，ベトナムの輸出は急増している。中国・ベトナム間のサプライチェーンに着目し，付加価値貿易統計に基づいてベトナムの輸出動向をみてみると，「貿易戦争」の勃発前の2005～2015年にベトナムの輸出（取引総額ベース）は年平均15%超の伸びをみせ，4倍増を実現している（図終-1）。しかしこの間，ベトナムの輸出に占める国内付加価値比率は低下を続け，2015年には2005年と比べて9ポイント低下して約55%となった。換言すると，2015年の外国付加価値比率は約45%となり，成長著しいベトナムの輸出産業は外国から供給される中間財への依存度を年々高めていることがうかがえる。そして，この外国付加価値比率45%のうちの約3分の1が中国である。このように近年のベトナムの輸出産業の成長は，中国からの中間財の輸入がその前提となっており，「貿易戦争」はこの動きを決定づけたかの感がある。

4）MPI［2020］によると，2019年の対ベトナム投資の国・地域別実績は，韓国，香港，シンガポール，日本，中国の順である。ただし，中国は前年の1.65倍，香港は2.4倍となったことが特記されている。中国の対外直接投資一般にみられるように，ここでも中国と香港からの投資を峻別することは現実的な作業ではないように思われる。

今後，ベトナムの輸出産業が中国からの資本・中間財の供給を受けて，さらに輸出を拡大し続けていくと，まず中国からの輸入拡大に伴う中国・ベトナム間の貿易不均衡の拡大が予想される。ベトナムでは，中越貿易不均衡の拡大にとどまらず，中国企業の増加に対しても慎重な姿勢がみられる。中国が一時期外資批判を強めたときと同様に，中国の対ベトナム投資企業・産業は，エネルギー効率の悪い中古の機械設備を使用している，環境負荷の高い産業が多いなど，中国企業の投資に対して少なからぬ不満を募らせている[5)]。また「貿易戦争」に伴う対米輸出規制の強化に対して，中国企業は迂回輸出拠点としてベトナムを活用しているとの批判も強まっており，中越貿易摩擦が激化する懸念も払拭できない状況にある。

次に最終財市場である米国との間で貿易摩擦がさらに深刻化する可能性が高い。ベトナムは2014年に米国にとって第10位の入超先となり，2015年以後は中国，メキシコ，日本，ドイツなどに次いで第5～6位の入超先である。そのベトナムからの輸入が，「貿易戦争」により急増している。これに対して，たとえば，米国財務省は，2019年5月の「為替報告書」において，ベトナム，シンガポール，マレーシアのASEAN 3ヵ国を監視対象国に加えた（U.S. Department of the Treasury［2019a］）。また2020年6月に米商務省は，韓国，台湾，タイ，ベトナム製乗用車・小型トラック用タイヤに対するアンチダンピング（AD）・相殺関税（CVD）調査を発動した。このうちベトナム製は，通貨レートの過小評価により実質的に補助金を受けているとして，ADに加えて，CVD調査の対象にもなった。これは為替レートの過小評価を補助金とみなした初の相殺関税調査である（ITA［2020］）。為替と通商は別物であるとはいえ，これらの措置は対米黒字をこれ以上拡大させないようにとの米国からのメッセージとも受け取れる。ベトナムの対米輸出の急増は，米越貿易摩擦の深刻化を予見させる動きとなっている。

このように「貿易戦争」に伴い，労働集約的製品を中心として，中国の米国

5） ベトナム共産党中央委員会は，2019年8月20日に「2030年までに外国投資協力に関する制度・政策を完成させ，質と効率を高めるための方向性を示す中央委員会による決定」を公表するなど，投資を選別する方針を明確にしている（ジェトロ「外国直接投資の選別を強化するベトナム」2019年10月16日）。

向け輸出はベトナムやその他 ASEAN 諸国に代替されつつあり，また代替先では米国向け輸出生産拡大の動きがみられる。「貿易戦争」に伴う貿易・投資の転換効果が，ベトナムをはじめとする東南アジア経済にプラスの効果をもたらしたことは想像に難くない[6)]。

第 4 節　「米中貿易戦争」の含意

1．米国の単独行動主義と自由貿易体制

「貿易戦争」は，多角的な自由貿易体制＝WTO 体制に負のインパクトを与えている。2017～2018 年の通商法 301 条調査では，中国による米国の技術・知的財産の移転・窃取が重大な争点とされたが，その根底には中国の独自の産業政策や市場歪曲的な経済慣行が存在する。すでに WTO 内の G7[7)] として有力な加盟国となった中国が，政府の関与が大きく，経済手段を用いて国益の実現を図ろうとする国家資本主義への志向を強めていくことは，WTO に代表される自由貿易体制にとって重大な脅威となる[8)]。

本来ならば，日米欧は自由貿易体制を擁護するために，中国やロシアなどの国家資本主義的な通商政策・慣行に対しては，相互連携的な対応をとるべきである。ところが，2018 年に入ってトランプ政権が発動した輸入制限措置は，中国を主たる標的にしつつも，鉄鋼やアルミ製品の輸入制限措置では，米国の主要貿易パートナーである同盟・友好国の製品もその対象とされた。輸入制限措置そのものが WTO のルールに抵触することに加えて，対象国・地域を恣意的に選択することも WTO の無差別原則とは相容れない考え方である。その結果，2018 年 6 月のシャルルボワ G7 サミットでは，米国と同盟国との亀裂はさらに深まった。一方，同時期に青島では，中国，ロシアと中央・南アジア 6 ヵ国で構成する上海協力機構（SCO）の首脳会議が開催され，G7 とは対照的な

6)「米中経済戦争」が中国以外の東アジアにプラスの影響をもたらすとのシミュレーションの結果としては，熊谷他［2019］を参照。

7)　WTO の主要加盟国からなる少数国会合のメンバー（日米欧にブラジル，インド，中国，オーストラリアを加えた 7 ヵ国）を指す（大橋［2011b: 32］）。

8)　国家資本主義については，ブレマー［2011］のほか，加藤他［2013］，大橋［2013］を参照。

一致団結の姿勢が強調された（『人民網』2018年6月10日）。米国が他のG7構成国と距離を置いたG6＋1的な態勢は，多角的な国際通商体制の維持を困難にし，中国を「一帯一路」構想沿線国にさらに傾斜・接近させて，抜本的な国内改革を忌避する方向に誘導しかねないのである。

これに先立ち，2017年12月には，鉄鋼過剰生産能力に関するグローバルフォーラムが結成された。世界生産の過半を占める中国の過剰生産を念頭に置いた国際的な取り組みであるが，これを契機として日米欧三極貿易大臣会合が発足した。そこでは，補助金，国有企業，強制的技術移転，WTO改革，デジタル貿易・電子商取引での共同歩調が進められており，自国産業優遇策に対する罰則（中国による補助金通報義務の履行）やデジタル貿易（ソースコードの開示・移転要求の禁止）のあり方など，「第三国の非市場志向の政策・措置」をめぐる議論がなされているという[9)]。

しかし，ここでの懸念材料も，やはり米国の単独行動主義である。たとえば，エアバスに対するEUの補助金をめぐっては，米欧間にかなり大きな見解の相違がみられる。トランプ政権は発足当初より，NAFTAの見直し，TPPからの脱退など，「米国第一」の姿勢をとってきた。またWTO上級委員会委員の再任拒否にみられるように，トランプ政権のWTO批判はとどまるところを知らない。2018年以後に発動された一連の輸入制限措置，また2020年1月の米中通商協議の第一段階合意にみられる数量目標の設定のように，米国の単独行動主義はおよそWTOのルールと相容れないばかりか，その傾向はますます顕著になっている。新ラウンド交渉の断念，紛争解決メカニズムの機能不全とともに，トランプ政権の単独行動主義はWTO体制にさらなる動揺をもたらす要因となっている。従来から国際貿易は国際法の実効性がもっとも担保されてきた分野であるが，残念ながら，米国の単独行動主義は自由貿易体制そのものを毀損する動きとなっている。

---

9) 経済産業省の記者発表（www. meti. go. jp/press）「日米欧三極貿易大臣会合共同声明」（2018年5月31日，9月25日，2019年1月9日，5月23日，2020年1月14日）を参照。

2. 中国とグローバル・ガバナンス

グローバルな大国となった中国にとって，既存の国際規範やルール，つまり多国間レジームといかに共生するかは重大な政策課題となっている。中国はこの共生コストの多寡により，古典的な「離脱・発言・忠誠」（exit, voice, loyalty）的対応をとることになる（ハーシュマン［2005］）。改革開放直後，国際社会に復帰したばかりの中国は，自らが関与することなく構築された既存の多国間レジームに対して少なからぬ不満を募らせていた。しかし改革開放を最優先するために，まずは国際機関での代表権の回復を目指して「忠誠」的な対応を選択した。しかし自らが超大国となり，国際社会に影響力を行使しうる立場になると，中国の国際経済秩序に対する認識にも微妙な変化がみられるようになった。もちろん，その対応は国際レジームの性格により大きく異なる（加藤他［2013］）。

第1に，通商や通貨などの比較的ハードな多国間レジームについては，秩序再構築のコストを負担することが事実上不可能であることから，中国は新たな秩序構築を志向しているわけではない。たとえば，デジタル人民元の導入のように，時として既存秩序に対する異議申し立て的な選択や問題提起がなされるとしても，既存レジームの抜本的な再編を目指しているわけではない。むしろ予想される新たな規範・ルール形成に対する影響力の保持，あるいは新たなルールのもとで予想される義務の軽減化を狙っているかにみえる。

第2に，新たな秩序形成期にある国際レジームに対しては，中国はより積極的な対応をとる傾向がある。かつての気候変動問題への対応のように，過度な義務負担を求められると，「離脱」の選択肢をとりうる場合もある。また巨大な国内市場を前提として，中国は独自規格・標準の確立を目指す動きを強めているが，これは必ずしも多国間レジームの抜本的な再編を目指す動きではない。

第3に，中国が比較的長い経験を有する分野，たとえば，対外援助や宇宙開発などでは，既存の多国間レジームとの協調を模索する動きを示しつつも，その支持・同調者の存在によっては独自路線を継続する可能性は排除できない。

2014年11月の中央外事工作会議において，習近平国家主席が「中国の特色ある大国外交」の展開を提起すると，中国は「人類運命共同体」の構築のために「全球治理」（グローバル・ガバナンス）に対する関心をさらに高めるようになった（吉川［2017］）。中国がグローバルな超大国となった以上，米国との軋轢や対立はもはや不可避な情勢にあり，その争点は単なる二国間関係を超えて，多国間レジームにおいても顕著にみられるようになった。

3. 米中経済関係の新たな問題領域

2017年秋の中国共産党第19回大会では，中国は建国100年にあたる2049年に「社会主義現代化強国」になるとの宣言がなされた。その中国が，近年グローバル・ガバナンスへの関与をさらに強めつつある。中国は国際的な地位の向上に繋がり，その存在感を十分に発揮することができるならば，「普遍的価値」[10)]に関する独自の基準に抵触しない限り，あらゆる機会を追求するとの姿勢を強めている。これは自由貿易やグローバリゼーションの分野でも例外ではない。しかし現時点において中国が想定する自由貿易やグローバリゼーションは，あくまでも主権国家を前提としたものにとどまる。そのため中国からは，「インターネット主権」といった摩訶不思議な主張も生まれてくるのである（Hufbauer and Lu［2019］）。

トランプ政権下の米国が単独行動主義的な動きを強める一方で，トランプ政権誕生直後の2017年のダボス会議では，習近平国家主席が自由貿易とグローバリゼーションを支持すると打ち上げた。その後，中国は「米国第一」を振りかざすトランプ政権と異なり，WTO・自由貿易体制の擁護者としての側面を強調している。もっとも，中国の国家資本主義的な通商政策・慣行は広く認識されているところであり，中国が自由貿易体制の擁護者であるとの主張を額面通り受け取る者はまずいないであろう。

実際に中国では，TPPで提起されたWTOを上回る自由化（WTO-plus），また競争政策，国有企業，労働などの面でWTOにない新ルール（WTO-extra）に踏み込むような高度な自由化・規制緩和が目指されているわけではない。したがって経済改革の対象も，一般論として関税や輸出入管理などの国境地点での諸問題（on the border issues）に取り組むことには熱心であるが，包括的な

---

10) 中国では，民主，自由，人権といった「普遍的価値」は西側・資本主義の概念であるとして，「中国の特色」の堅持を優先する傾向がある。

構造改革と不可分な諸問題（behind the border issues）にまで踏み込む動きはきわめて緩慢である。したがって，中国が志向するメガFTAはTPP型ではなく，やはり従来からの東アジア地域協力の延長線上にある東アジア地域包括的経済連携（RCEP）型であるといえよう。中国が推進する「一帯一路」構想でも，この水準の貿易自由化・規制緩和が想定されているものと考えられる（大橋［2016b］）。

予見される将来における中国経済の政策オプションとしては，国内的には「大衆創業，万衆創新」を通したイノベーション振興による産業高度化，対外的には「一帯一路」構想に基づく過剰生産能力の解消を通した産業調整がより実現可能性の高い選択肢となってこよう。もちろん，イノベーション振興では，政府の過度な関与がプロジェクトの効率性や採算性に少なからぬ影響を及ぼすことになる。また「一帯一路」構想では，沿線国を債務漬けにする「債務の罠」がしばしば指摘されている（大橋［2019］）。もちろん，これらの政策オプションは多国間の知的財産レジームや援助協力レジームと不可分の関係にある。

ところが，既存の多国間レジームに対する中国の対応は，技術・知的財産の侵害や窃取でみた通り，必ずしも世界第2位の経済大国に相応しいものではない。たとえば，南シナ海の領有権問題である。西沙・南沙諸島の島嶼の領有権問題は，たしかに中国の主権にかかわる争点であるため，中国としても譲歩はありえない。しかし国連海洋法条約に基づくオランダ・ハーグの常設仲裁裁判所が中国の主張を無効とする判決を下した折に，戴秉国国務委員（当時）や王毅外相はこれを「紙屑」や「茶番劇」と酷評し無視した。これは中国のグローバル・ガバナンスに対するスタンスの一端を露呈する形となった。

その中国が国際機関の枢要なポストを押さえ始めている。「経済大国」が国際機関を支援することは積極的に評価すべきであるが，その運営の中立性が疑問視されるとなると話は別である。現在，国際連合には15の専門機関があるが，このうち4機関において中国出身者が事務局長のポストを占めている[11)]。また中国の影響力の強い国々から選出された国際機関の事務方トップや主要幹

11）具体的には，国連食糧農業機関（FAO）の屈冬玉氏（2019年8月就任），国際民間航空機関（ICAO）の柳芳氏（2015年8月就任），国際電気通信連合（ITU）の趙厚麟氏（2015年1月就任），国連工業開発機関（UNIDO）の李勇氏（2013年6月就任）の4氏である（Lee and Sullivan［2019］）。

部も少なくない。

中国の台頭と既存の国際秩序との整合性をいかに図っていくか。上述したように，2015年10月のTPP合意に際してオバマ前米大統領は「中国のような国に世界経済のルールを書かせるわけにはいかない」（White House［2015］）と言明した。この言葉が示唆するように，今後の米中関係の争点は，どうやら多国間の次元に移行し，グローバル・ガバナンスのあり方に集約されそうである。現実に2020年の新型コロナウィルス感染症によるパンデミックへの対応では，世界保健機関（WHO）を中心とするグローバル・ヘルス・レジームのあり方が米中間の大きな争点となった。そしてこの争点は米中間の医療用品・薬材貿易やワクチン開発競争にも派生し，究極的には安全保障の一環として位置づけられた。異なる多国間レジームの争点が，直接・間接的に二国間関係に反映されるのが超大国間関係であり，米中経済関係もいよいよこの段階を迎えたのである。

参考文献

【日本語文献】

安全保障貿易情報センター［2019］「米中の新輸出規制等の動向」＜http://www.cistec.or.jp/service/uschina.html＞, 3 月 19 日開設。

安全保障貿易情報センター事務局［2020］「米中間の緊張に伴う諸規制の動向と留意点（全体概観）」＜http://www.cistec.or.jp/service/uschina/16-20200302_doko.pdf＞, 3 月 2 日。

池部亮［2013］『東アジアの国際分業と「華越経済圏」』新評論。

猪俣哲史［2019］『グローバル・バリューチェーン』日本経済新聞出版社。

ヴァンス，D. J.［2017］『ヒルビリー・エレジー―アメリカの繁栄から取り残された白人たち』光文社。

エスカット，ユベール・猪俣哲史［2011］『東アジアの貿易構造と国際価値連鎖―モノの貿易から「価値」の貿易へ』日本貿易振興機構アジア経済研究所。

大橋英夫［1998］『米中経済摩擦』勁草書房。

大橋英夫［2002］「中国の WTO 加盟と市場経済化」国分良成編『グローバル化時代の中国』日本国際問題研究所。

大橋英夫［2003］『シリーズ現代中国経済 5：経済の国際化』名古屋大学出版会。

大橋英夫［2005］「非対称の相互依存」『アステイオン』第 63 号。

大橋英夫［2007］「米中経済関係の基本構造」高木誠一郎編『米中関係』日本国際問題研究所。

大橋英夫［2008］「中国経済の構造転換と『走出去』戦略」高橋五郎編『海外進出する中国経済』日本評論社。

大橋英夫［2010］「対外経済政策の再調整」朱炎編『国際金融危機後の中国経済』勁草書房。

大橋英夫［2011a］「対外的脆弱性の克服：摩擦と協調」朱炎編『中国経済の成長持続性』勁草書房。

大橋英夫［2011b］「中国の経済外交：WTO ドーハ・ラウンド交渉の事例」『中国外交の問題領域別分析研究会報告書』日本国際問題研究所。

大橋英夫［2013］「対外経済発展と『中国模式』――人民元の国際化のインパクト」

大橋英夫編『ステート・キャピタリズムとしての中国――市場か政府か』勁草書房。

大橋英夫［2016a］「中国企業の対米投資：摩擦・軋轢の争点は何か」加藤弘之・梶谷懐編『二重の罠を超えて進む中国型資本主義』ミネルヴァ書房。

大橋英夫［2016b］「TPPと中国の『一帯一路』構想」『国際問題』第652号。

大橋英夫［2019］「新たな対外開放とグローバル・ガバナンスの追求」大西康雄編『習近平「新時代」の中国』アジア経済研究所。

加藤弘之・渡邉真理子・大橋英夫［2013］『21世紀の中国経済篇国家資本主義の光と影』朝日新聞出版。

金成隆一［2017］『ルポトランプ王国―もう一つのアメリカを行く』岩波書店。

金成隆一［2019］『ルポトランプ王国2―ラストベルト再訪』岩波書店。

久保文明［2019］「トランプ政権と中国」『国際問題』第681号。

熊谷聡・後閑利隆・坪田建明・磯野生茂・早川和伸［2019］「米中貿易戦争のアジア経済への影響」『アジ研ポリシー・ブリーフ』No.126，5月10日。

経済企画庁［1994］『世界経済白書』（平成6年）。

蔡昉［2019］丸川知雄監修，伊藤亜聖・藤井大輔・三竝康平訳『現代中国経済入門：人口ボーナスから改革ボーナスへ』東京大学出版会。

高富康介・中島上智・森知子・大山慎介［2016］「スロー・トレード：世界貿易量の伸び率鈍化」＜https://www.boj.or.jp/research/brp/ron_2016/data/ron161020a.pdf＞，日本銀行国際局，10月。

田中鮎夢［2016］「中国の衝撃：中国からの輸入増大がアメリカ製造業に与えた影響」〈http://www.rieti.go.jp/users/tanakaayumu/serial/028.html〉，12月13日。

陳友駿［2011］『米中経済摩擦』晃洋書房。

中逵啓示［2011］『中国WTO加盟の政治経済学』早稲田大学出版部。

日本貿易振興機構［2018］「2018年度アジア・オセアニア進出日系企業実態調査」＜https://www.jetro.go.jp/ext_images/_Reports/01/117eb326c5a7e5fd/20180032.pdf＞，12月20日。

日本貿易振興機構［2019a］「2018年度アジア・オセアニア投資関連コスト比較調査」＜https://www.jetro.go.jp/ext_images/_Reports/01/8cea41bd55a4ab53/20180064.xlsx＞，3月。

日本貿易振興機構［2019b］「2019年度アジア・オセアニア進出日系企業実態調査」＜https://www.jetro.go.jp/ext_images/_Reports/01/962bd5486c455256/20191121.pdf＞，11月21日。

日本貿易振興機構［2020］「米国の通商法301条に基づく対中国追加関税一覧」

＜https://www.jetro.go.jp/world/n_america/us/us-china/timeline_us.html＞, 2020年3月1日アクセス。

日本貿易保険［2020］「OECD輸出信用アレンジメント」＜https://www.nexi.go.jp/glossary/detail/002791.html＞, 2020年3月1日アクセス。

ハーシュマン，アルバート・O.［2005］矢野修一訳『離脱・発言・忠誠』ミネルヴァ書房。

藤木剛康［2017］『ポスト冷戦期アメリカの通商政策』ミネルヴァ書房。

藤本隆宏［2004］『日本のもの造り哲学』日本経済新聞社。

ブレマー，イアン［2011］有賀裕子訳『自由市場の終焉―国家資本主義とどう闘うか』日本経済新聞出版。

ホックシールド，アーリー・ラッセル［2018］『壁の向こうの住人たち』岩波書店。

南亮進・牧野文夫・郝仁平［2013］『中国経済の転換点』東洋経済新報社。

李春霞［2018］『中国の産業発展とイノベーション政策』専修大学出版局。

山口和之［2009］「タックス・ヘイブン規制の強化」『レファレンス』第706号。

吉川純恵［2017］『中国の大国外交への道のり』勁草書房。

【日本語文献】

Acemoglu, D., D. Dorn, G. Hanson and B. Price [2016], "Import Competition and the Great US Employment Sag of the 2000s," *Journal of Labor Economics*, Vol. 34, No. S1, pp. S141-S198.

Ahmed, S. ed. [2018], *U. S. Foreign Policy for the Middle Class: Perspectives from Ohio*, John Glenn College of Public Affairs at The Ohio State University and Carnegie Endowment for International Peace.

Allison, G. [2017], *Destined for War: Can America and China Escape Thucydides's Trap?* Boston: Houghton Mifflin Harcourt.

AmCham [2019], "Joint Press Release: AmCham Joint Survey on Tariffs" ＜https://www.amcham-shanghai.org/sites/default/files/2019-05/Joint_survey_on_tariffs_May_2019.pdf＞, AmCham Shanghai and AmCham China, May 22.

Amiti, M., M. Dai, R. C. Feenstra and J. Romalis [2017], *How Did China's WTO Entry Benefit U. S. Consumers?* NBER Working Paper, No. 23487.

Antràs, P., A. De Gortari and O. Itskhoki [2016], *Globalization, Inequality and Welfare*, NBER Working Paper, No. 22676.

APO [2019], *APO Productivity Databook 2019*, Asian Productivity Organization.

Autor, D., D. Dorn and G. Hanson [2013a], "The Geography of Trade and Technology Shocks in the United States," *American Economic Review*, Vol. 103, No. 3, pp. 220–225.

Autor, D., D. Dorn and G. Hanson [2013b], "The China Syndrome: Local Labor Market Effects of Import Competition in the United States," *American Economic Review*, Vol. 103, No. 6, pp. 2121–2168.

Autor, D., D. Dorn and G. Hanson [2016a], "The China Shock: Learning from Labor Market Adjustment to Large Changes in Trade," *Annual Review of Economics*, Vol. 8, pp. 205–240.

Autor, D., D. Dorn, G. Hanson and K. Majlesi [2016b], *Importing Political Polarization? The Electoral Consequences of Rising Trade Exposure*, NBER Working Paper, No. 22637 (revised in December 2017).

Autor, D., D. Dorn, G. Hanson and K. Majlesi [2016c], "A Note on the Effect of Rising Trade Exposure on the 2016 Presidential Election" ＜http://chinashock.info/papers/＞, November 16 (revised on January 6, 2017).

Balsvik, R., S. Jensen, and K. G. Salvanes [2015], "Made in China, Sold in Norway: Local Labor Market Effects of an Import Shock," *Journal of Public Economics*, Vol. 127, pp. 137–144.

Bartholomew, C. [2005], "Statement of Carolyn Bartholomew," U. S.-China Relations Seminar at Carnegie Endowment for International Peace, Washington, DC, July 14.

Bayard, T. O. and K. A. Elliott [1994], *Reciprocity and Retaliation in U. S. Trade Policy*, Institute for International Economics.

Bernard, A. B., J. B. Jensen, and P. K. Schott [2006], "Survival of the Best Fit: Exposure to Low Wage Countries and the (Uneven) Growth of US Manufacturing Plants," *Journal of International Economics*, Vol. 68, Issue 1, pp. 219–237.

Bisio, V., C. Horne, A. Listerud, K. Malden, L. Nelson, N. Salidjanova and S. Stephens [2020], "The U. S.-China "Phase One" Deal: A Backgrounder" ＜https://www.uscc.gov/research/us-china-phase-one-deal-backgrounder＞, U. S.-China Economic and Security Review Commission, February 4.

Bloom, N., K. Handley, A. Kurman and P. Luck [2019], "The Impact of Chinese Trade on U. S. Employment: The Good, The Bad, and The Debatable" ＜http://webuser.bus.umich.edu/handleyk/BHKL_posted_draft.pdf＞, July.

Bown, C. P. [2017], "Aluminum, Lumber, Solar: Trump's Stealth Trade Protection," *Policy Brief*, 17-1, Peterson Institute for International Economics.

Bown, C. P. [2019], "The 2018 US-China Trade Conflict After 40 Years of Special Protection," *Working Paper,* 19-7, Peterson Institute for International Economics, April.

Bown, C. P. [2020], "US-China Trade War Tariffs: An Up-to-Date Chart" <https://www.piie.com/blogs/trade-investment-policy-watch/trump-trade-war-china-date-guide>, Peterson Institute for International Economics, February 14.

Brown, M. and P. Singh [2018], *China's Technology Transfer Strategy*, Defense Innovation Unit Experimental.

Bureau of Economic Analysis [2020], "Foreign Direct Investment in the U. S.: Balance of Payments and Direct Investment Position Data" <https://www.bea.gov/international/di1fdibal> accessed on March 1, 2020.

CECC [2018], *Annual Report*, Congressional-Executive Commission on China, October 10.

CFIUS [2020], *Annual Report to Congress*, Committee on Foreign Investment in the United States, May.

CGIT [2020], "China Global Investment Tracker" <https://www.aei.org/china-global-investment-tracker/>, accessed on March 1, 2020.

Diamond, L. and O. Schell eds. [2018], *Chinese Influence and American Interests: Promoting Constructive Vigilance*, Hoover Institution Press.

Dunning, J. H. [1993], *Multinational Enterprises and the Global Economy*, Addison-Wesley.

Economic Research Service [2019], "Commuting Zones and Labor Market Areas" <https://www.ers.usda.gov/data-products/commuting-zones-and-labor-market-areas/>, U. S. Department of Agriculture, March 26.

European Chamber [2017], *China Manufacturing 2025: Putting Industrial Policy Ahead of Market Forces*, European Union Chamber of Commerce in China.

FIRB [2019], *Annual Report 2017/18*, Foreign Investment Review Board, Commonwealth of Australia.

Feenstra, R. C. [1999], "Discrepancies in International Data: An Application to China-Hong Kong Entrepot Trade," *American Economic Review Papers and Proceedings*, Vol. 89, No. 2.

Feenstra, R. C., W. Hai, W. T. Woo and S. Yao [1998], "The U. S.-China Bilateral Trade Balance: Its Size and Determinants," *Working Paper*, no. 6598, National Bureau of Economic Research.

Feenstra, R. C. and A. Sasahara [2017], *The "China Shock", Exports and U. S. Employment: A Global Input-Output Analysis*, NBER Working Paper, No. 24022.

Fravel, M. T., J. S. Roy, M. D. Swaine, S. A. Thornton and E. Vogel [2019], "China is not an Enemy," *Washington Post*, July 3.

Fung, K. C. and L. J. Lau [1996], "The China-United States Bilateral Trade Balance: How Big Is It Really?" *Occasional Paper*, Asia/Pacific Research Center, Stanford University.

Fung, K. C. and L. J. Lau [1999], "New Estimates of the United States-China Bilateral Trade Balances," *Occasional Paper*, Asia/Pacific Research Center, Stanford University.

Fung, K. C. and L. J. Lau [2001], "China-United Stattes Bilateral Trade Balances 1990–2000, "*Hong Kong Centre of Economic Research Letters*, Vol. 67–68, Sept./Oct. and Nov./Dec.

Fung, K. C. and L. J. Lau [2003], "Adjusted Estimates of the United States-China Bilateral Trade Balances 1995–2002," *Journal of Asian Economics*, Vol. 14, No. 3.

Gammeltoft, N. [2011], "Table of Chinese Reverse Mergers on U. S. Exchanges" <http://www.bloomberg.com/news/articles/2011-06-22/table-of-chinese-reverse-merger-companies-listed-on-u-s-stock-exchanges>, June 25.

Garcia-Herrero, A., L. Xia, and C. Casanova [2015], "Chinese Outbound Foreign Direct Investment: How Much Goes Where After Round-tripping and Offshoring?" <https://www.bbvaresearch.com/wp-content/uploads/2015/06/15_17_Working-Paper_ODI.pdf>, *Working Paper*, No. 15/17, BBVA Research.

General Statistics Office [2019], *Main Statistical Indicators of the Second Quarter and the First Half of 2019*, Hanoi.

Goldstein, M. and N. R. Lardy eds. [2008], *Debating China's Exchange Rate Policy*, Peterson Institute for International Economics.

Gourevitch, P., R. Bohn and D. McKendrick [1997], "Who Is Us? The Nationality of Production in the Hard Disk Drive Industry," Report 97–01, The Data Storage Industry Globalization Project, University of California, San Diego.

Hannas, W. C., J. Mulvenon and A. B. Puglisi [2013], *Chinese Industrial Espionage: Technology Acquisition and Military Modernization*, Routledge.

Hicks, M. J. and S. Devaraj [2015], "The Myth and the Reality of Manufacturing in America" <https://conexus.cberdata.org/files/MfgReality.pdf>, Ball State University, June 2015.

Houseman, S. N. [2018], *Understanding the Decline of U. S. Manufacturing Employment*, Upjohn Institute Working Paper, 18-287.

Hufbauer, G. C. and Z. (L.) Lu [2019], "Global E-Commerce Talks Stumble on Data Issues, Privacy, and More," *Policy Brief*, 19-14, Peterson Institute for International Economics, October.

IMF [2019], *World Economic Outlook*, October 15.

IMF, World Bank and WTO [2017], *Making Trade an Engine of Growth for All*, April 7.

IP Commission [2017], *Update to the Report of the Commission on the Theft of American Intellectual Report*, National Bureau of Asian Research, February.

ITA [2020], "U. S. Department of Commerce Initiates Antidumping Duty and Countervailing Duty Investigations of Imports of Passenger Vehicle and Light Truck Tires from the Republic of Korea, Taiwan, Thailand, and the Socialist Republic of Vietnam," International Trade Administration, June 23.

JCCT [2009], *Report of the Statistical Discrepancy of Merchandise Trade Between the United States and China*, U. S.-China Joint Commission on Commerce and Trade, October.

JCCT [2012], *Report of the Statistical Discrepancy of Merchandise Trade Between the United States and China*, U. S.-China Joint Commission on Commerce and Trade, December.

Keller, W. and H. Utar [2016], *International Trade and Job Polarization: Evidence at the Worker-Level*, NBER Working Paper, No. 22315.

Koch-Weser, I. and G. Ditz [2015], "Chinese Investment in the United States: Recent Trends in Real Estate, Industry, and Investment Promotion," *Staff Research Report*, U. S.-China Economic and Security Review Commission, February 26.

Kueh, Y. Y. and J. P. Voon [1997], "The Role of Hong Kong in Sino-US Economic Relations," in Y. Y. Kueh ed., *The Political Economy of Sino-American Relations: A Greater China Perspective*, Hong Kong University Press.

Lee, C. M. C., K. K. Li, and R. Zhang [2014], "Shell Games: The Long Term Performance of Chinese Reverse Merger Firms," *Working Paper*, No. 3063, Stanford Graduate School of Business, March 25.

Lee, K., and A. Sullivan [2019], *People's Republic of the United Nations: China's Emerging Revisionism in International Organizations*, Center for a New American Security.

Lysenko, A., T. Hanemann and D. H. Rosen [2020], *Disruption: US-China Venture Capital in a New Era of Strategic Competition*, Rhodium Group and National Committee on U. S.-China Relations.

Martin, M. F. [2016], *What's the Difference?–Comparing U. S. and Chinese Trade Data*, Congressional Research Service, RS22640, March 24.

Miura, K. and J. C. Weiss [2016], "Will China Test Trump? Lessons from Past Campaigns and Elections," *The Washington Quarterly*, Vol. 39, Issue 4.

Moran, T. H. [2009], *Three Threats: An Analytical Framework for the CFIUS Process*, Peterson Institute for International Economics.

MPI [2020], "Brief on Foreign Direct Investment of 2019," Ministry of Planning and Investment, January 6.

Nager, A. [2017], *Trade vs. Productivity: What Caused U. S. Manufacturing's Decline and How to Revive It* <http://www2.itif.org/2017-trade-vs-productivity.pdf?_ga=2.51357418.238871346.1547158764-725953852.1545162629>, Information Technology and Innovation Foundation (ITIF).

Navarro, P. and G. Autry [2011], *Death by China: Confronting the Dragon - A Global Call to Action*, NJ: Pearson FT Press.

Navarro, P. and W. Ross [2016], *Scoring the Trump Economic Plan: Trade, Regulatory, & Energy Policy Impacts* <https://assets.donaldjtrump.com/Trump_Economic_Plan.pdf>, September 29.

Neeley, J. S. [1989], "Nonmarket Economy Import Regulation," *Law and Policy in International Business*, Vol. 20, No. 3.

O'Connor, S. [2019], *How Chinese Companies Facilitate Technology Transfer from the United States*, U. S.-China Economic and Security Review Commission, May 6.

OTMP [2018], *How China's Economic Aggression Threatens the Technologies and Intellectual Property of the United States and the World*, White House Office of Trade and Manufacturing Policy, June

Pierce, J. R. and P. K. Schott [2014], *The Surprisingly Swift Decline of U. S. Manufacturing Employment*, Finance and Economics Discussion Series, Divisions of Research & Statistics and Monetary Affairs, Federal Reserve Board, Washington, D. C., <https://www.federalreserve.gov/pubs/feds/2014/201404/201404 pap.pdf>.

Princeton Task Force on Chinese Investment in the United States [2011], *Economic Patriotism: How to Deal with Chinese Investment*, Woodrow Wilson School of Public and International Affairs, Princeton University, December.

Princeton Task Force on Chinese Investment in the United States [2013], *Responding to Chinese Direct Investment in the United States*, Woodrow Wilson School of Public and International Affairs, Princeton University, December.

Rhodium Group and National Committee on U. S.-China Relations [2020], "US-China Investment Hub" <https://www.us-china-investment.com/> accessed on May 11, 2020.

Roper, C. [2013], *Trade Secret Theft, Industrial Espionage, and the China Threat*, CRC Press.

Scott, R. E. [2003], The High Price of 'Free' Trade: NAFTA's Failure Has Cost the United States Jobs Across the Nation <https://www.epi.org/files/page/-/old/briefingpapers/147/epi_bp147.pdf>, Economic Policy Institute.

Scott, R. E. [2017], *Growth in U. S.-China trade Deficit Between 2001 and 2015 Cost 3.4 Million Jobs* <https://www.epi.org/files/pdf/114752.pdf>, Economic Policy Institute.

SEC [2011], "SEC Approves New Rules to Toughen Listing Standards for Reverse Merger Companies" <https://www.sec.gov/news/press/2011/2011-235.htm>, U. S. Securities and Exchange Commission, November 9.

Shkurti, W. and F. Stewart [2018], *Toward a New Ohio* <http://glenn.osu.edu/toward-a-new-ohio/>, John Glenn College of Public Affairs at The Ohio State University.

Silver, L. [2020], "Americans Are Critical of China's Handling of COVID-19, Distrust Information about It from Beijing," May 26.

Silver, L., K. Devlin and C. Huang [2019], "U. S. Views of China Turn Sharply Negative Amid Trade Tensions," August 13.

Subbaraman, N. [2020], "Universities Are Forging Ties with the FBI as US Cracks Down on Foreign Influence," *Nature*, Vol. 579, March 19.

Sutherland, D. and J. Anderson [2015], "The Pitfalls of Using Foreign Direct Investment Data to Measure Chinese Multinational Enterprise Activity," *China Quarterly*, No. 221.

Szamosszegi, A. [2012], *An Analysis of Chinese Investments in the U. S. Economy*, U. S.-China Economic and Security Review Commission, October.

Tang, R. [2010], "China's Steel Industry and Its Impact on the United States: Issues for Congress," *Congressional Research Service*, R41421, September 21.

Trump, D. J. [2016], "Donald J. Trump Address: Declaring American Economic Independence" <http://www.p2016.org/trump/trump062816sp.html>, June 28.

UNCTAD [2013], *World Investment Report 2013*, Geneva: United Nations Conference on Trade and Development.

U. S. Census Bureau [2016], "NAICS Related Party Database" <https://relatedparty.ftd.census.gov/>, accessed on May 25, 2020.

U. S. Chamber of Commerce [2017], *Made in China 2025: Global Ambitions Built on Local Protections.*

U. S. Customs and Border Protection Office of Trade [2018], *FY 2017 IPR Seizure Statistics*, Department of Homeland Security, February 26.

U. S. Department of Commerce [2017], "Fact Sheet: Initial Actions of the U. S.-China Economic Cooperation 100-Day Plan," May 11.

U. S. Department of Justice [2020], "Chinese Telecommunications Conglomerate Huawei and Subsidiaries Charged in Racketeering Conspiracy and Conspiracy to Steal Trade Secrets" <https://www.justice.gov/opa/pr/chinese-telecommunications-conglomerate-huawei-and-subsidiaries-charged-racketeering>, February 13.

U. S. Department of Labor [2019], "Employment, Hours, and Earnings from the Current Employment Statistics survey (National)," December 12.

U. S. Department of States [2017], *2017 Country Reports on Human Rights Practices*, U. S. Department of States, April 20.

U. S. Department of the Treasury [2017], *Report to Congress on the Macroeconomic and Foreign Exchange Policies of Major Trading Partners of the United States*, April 14.

U. S. Department of the Treasury [2019a], *Report to Congress on the Macroeconomic and Foreign Exchange Policies of Major Trading Partners of the United States*, Office of International Affairs, May.

U. S. Department of the Treasury [2019b], "Treasury Designates China as a Currency Manipulator" <https://home.treasury.gov/news/press-releases/sm751>, August 5.

U. S. House of Representatives [2012], *Investigative Report on the U. S. National Security Issues Posted by Chinese Telecommunications Companies Huawei and*

ZTE, October 8.

USCBC [2018], *State Export Report* ＜https://www.uschina.org/sites/default/files/final_uscbc_state_report_2018_1.pdf＞, The U. S.-China Business Council, April.

USCC [2016], *Annual Report 2016*, U. S.-China Economic and Security Review Commission.

USITC [2020], "Antidumping and Countervailing Duty Order in Place" ＜https://www.usitc.gov/trade_remedy/documents/orders.xls＞, United States International Trade Commission, accessed on February 12, 2020.

USTR [2017a], *2016 Report to Congress on China's WTO Compliance*, Office of the United States Trade Representative, January.

USTR [2017b], *2017 Trade Policy Agenda and 2016 Annual Report of the President of the United States on the Trade Agreements Program*, Office of the United States Trade Representative, March.

USTR [2017c], *2017 National Trade Estimate Report on Foreign Trade Barriers*, Office of the United States Trade Representative, March.

USTR [2017d], *2017 Special 301 Report*, Office of the United States Trade Representative, April.

USTR [2018a], *2017 Report to Congress on China's WTO Compliance*, Office of the United States Trade Representative, January.

USTR [2018b], *2018 Trade Policy Agenda and 2017 Annual Report of the President of the United States on the Trade Agreements Program*, Office of the United States Trade Representative, March.

USTR [2018c], *Findings of the Investigation into China's Acts, Policies, and Practices Related to Technology Transfer, Intellectual Property, and Innovation Under Section 301 of the Trade Act of 1974*, United States Trade Representative, March 22.

USTR [2018d], *Update Concerning China's Acts, Policies, and Practices Related to Technology Transfer, Intellectual Property, and Innovation*, United States Trade Representative, November 20.

Voon, J. P. and Y. Y. Kueh [2000], "Country of Origin, Value-added Exports, and Sino-US Trade Balance Reconciliation," *Journal of World Trade*, Vol. 34, No. 5.

White House [2015], "Statement by the President on the Trans-Pacific Partnership" ＜https://www.whitehouse.gov/thepressoffice/2015/10/05/statementpresidenttranspacificpartnership＞, October 5.

White House [2017], *National Security Strategy of the United States of America*, December 18.

White House [2018a], "Remarks by Vice President Pence on the Administration's Policy Toward China," October 4.

White House [2018b], "Statement by the President Regarding Trade with China," June 15.

White House [2018c], "Statement from the Press Secretary Regarding the President's Working Dinner with China," December 1, 2018.

White House [2019], "Remarks by Vice President Pence at the Frederic V . Malek Memorial Lecture," October 24.

WIPO [2019], *World Intellectual Property Indicators 2019*, World Intellectual Property Organization.

Xiao, G. [2004], "People's Republic of China's Round-Tripping FDI: Scale, Causes and Implications," *ADB Institute Discussion Paper*, No. 7.

Xing, Y. and N. Detert [2011], "How the iPhone Widens the US Trade Deficit with the PRC?" *GRIPS Discussion Paper*, 10-21, May.

Xing, Y. [2012], "Processing Trade, Exchange Rates and China's Bilateral Trade Balances," *Journal of Asian Economics*, Vol. 23, Issue 5.

Yun, L. and G. Cororaton [2019], *Profile of International Transactions in U. S. Residential Real Estate 2019*, National Association of Realtors, June.

【中国語文献】

大橋英夫 [2016]「日中両国的経済貿易結構与双辺経済関係－基于全球価値鏈（GVC）視角的分析」『日本研究』（遼寧大学）第 159 期（2016 年第 4 期）。

黄河・華琼飛 [2014]「美国投資保護主義－以中国対美投資為例」張建新編『中美貿易：失衡与摩擦』上海人民出版社。

胡厚崑 [2011]「華為就 3Leaf 事件発表的公開信」＜http://mnc.people.com.cn/BIG5/14006967.html＞,『人民網』2 月 25 日。

国家製造強国建設戦略諮詢委員会 [2015]『≪中国製造 2025≫重点領域技術路線図』10 月。

国務院 [2015]「関於印発≪中国製造 2025≫的通知」＜http://www.miit.gov.cn/n973401/n1234620/n1234622/c4409653/content.html＞, 5 月 8 日。

国務院法制弁公室 [2017]「中華人民共和国国家情報法」＜http://www.chinalaw.gov.cn/art/2017/7/5/art_11_205605.html＞, 7 月 5 日。

国務院新聞弁公室［2018］『関於中美経貿摩擦的事実与中方立場』9 月 24 日。
国務院新聞弁公室［2019］『関於中美経貿磋商的中方立場』6 月 2 日。
賈懐勤［2004］「原産国統計標準是中美貿易統計数字差異的根本原因：中美経香港転口貿易実証分析」賈懐勤編『中美貿易平衡問題総論』対外経済貿易大学出版社。
肖六億［2015］『中美貿易中的就業転移与就業創造』人民出版社。
全国美国経済学会・浦東美国経済研究中心編［2006］『美国経済走勢与中美経貿関係』上海社会科学院出版社。
全国美国経済学会・浦東美国経済研究中心編［2007］『全球経済失衡与中美経貿関係』上海社会科学院出版社。
沈国兵［2007］『中美貿易平衡問題研究』中国財政経済出版社。
沈国兵・王琳璨［2014］「東亜区域生産網絡与中美貿易再平衡：以信息通訊技術行業為例」張建新編［2014］『中美貿易：失衡与摩擦』上海人民出版社。
王勇［2007］『中美経貿関係』中国市場出版社。
王碧珺［2013］「被誤読的官方数据」黄益平，何帆，張永生編『中国対外直接投資研究』北京大学出版社。
冼国明・陳継勇編［2007］『当代世界経済格局下的中美経貿関係』中国経済出版社。
張燕生・劉旭・平新喬［2006］『中美貿易順差構造分析与対策』中国財政経済出版社。
中国全球価値鏈課題組［2017］『2010-2016 年中美貿易増加値核算報告』6 月。
中国商務部［2017］『関於中美経貿関係的研究報告』5 月 25 日。
中国商務部［2018］「商務部貿易救済局局長王賀軍就美擬対進口鋼鉄和鋁産品采取限制措施発表談話」3 月 2 日。
中国商務部［2019］『関於美国在中美経貿合作中獲益情況的研究報告』6 月。
中国商務部合作司［2015］「商務部国家統計局国家外匯管理局関於印発《対外直接投資統計制度》的通知」＜http://fec.mofcom.gov.cn/article/zcfg/201501/1852482_1.html＞, 1 月 21 日。
北京天則経済研究所課題組［2011］『国有企業的性質，表現与改革』2 月 22 日。
凌金鋳［2007］『知識産権因素与中美関係：1989-1996』上海世紀出版集団。
霍忠文・王宗孝［1991］『国防科技情報源及獲取技術』北京：科学技術文献出版社。

あとがき

米通商代表部（USTR）の中国担当通商代表補として対中交渉にあたったT. ストラトフォード氏は，2018 年の夏季ダボス会議（天津）で「米中貿易戦争」を次のように譬えている。

「米中貿易戦争はワールドカップのチャンピオンとスーパーボウルの勝者の戦いのようなものである。同じフィールドで同じ『フットボール』をしているのに，一方はプロテクターで保護されており，両者のルールも戦略も異なる」。

トランプ政権成立後，米中経済関係はこのような貿易摩擦の域を越えて「貿易戦争」に突入した。米国の批判は中国の国家資本主義・市場歪曲的政策・慣行にとどまらず，「覇権国」と「挑戦国」の対立，米中両国の地政学的利益やイデオロギー的価値観が衝突する次元に差し掛かっている。

本書は，中国の世界貿易機関（WTO）加盟にいたる期間を対象とした『米中経済摩擦』（勁草書房，1998 年）の続編である。米中経済関係に関しては，当時から自問し続けている点がいくつかある。

第 1 に，米中関係から経済関係だけを取り出して考察することの意味である。安全保障がまず強調される米中関係において，当初は「経済の論理」の追求を目指していた。しかし，いまや経済と安全保障が複雑に交錯しており，本書では米中経済関係をもう少し包括的に取り上げてみた。

第 2 に，そもそも貿易摩擦は経済学の分析対象なのかという本質的な疑問である。これは分析アプローチ次第であるといえなくもないが，いまだ明確な回答を見出していない。

第 3 に，主に米国の資料に依拠した分析の有効性についてである。直截的な中国情報に容易に接することができない以上，米国の資料の利用はいまだやむを得ない選択である。中国内で発表されている関連研究の多くも，基本的には米国の資料・データに依拠しているのが現実である。

『米中経済摩擦』のための基礎調査を始めてから，早くも四半世紀が経過した。ちょうどWindows 95が発売されて，インターネットが急速に普及し始めた時期であった。しかしウェブ上にアップされた情報の収集には明らかな限界があった。当時滞在していたジョージ・ワシントン大学は，日本でいえば霞が関に位置するような大学なので，資料やデータを求めて，隣接するIMF・世界銀行，さらには数ブロック先にあるUSTRのリーディング・ルームに通った。まず電話でアポをとって利用日が決まる。次にUSTRのあの大きな扉を開けてリーディング・ルームに向かうが，ファイル・キャビネットと事務机が並んでいるだけのオフィスなので，利用したい資料をかなり特定化し，申請後は資料が出て来るのをひたすら待つことになる。静寂な図書館の雰囲気とは異なり，何かと落ち着かないオフィスなので，利用したい資料は一刻も早くコピーして退出したい。しかしこれも申請が必要であり，資料を手渡してから，また仕上がりをひたすら待つことになる。しかも1枚のコピーでも，支払いはチェック支払いに限られていた。短期の出張ベースの調査では，事前の下調べを十分にしておかないと，思い通りの資料収集はほぼ不可能であっただろう。

当時と比べると，隔世の感がある今日の情報収集である。とはいえ，誰もがインターネットで容易に情報源にアクセスできるとなると，今度はどの素材を使ってどのように調理するのか，料理人の腕が試されることになる。現状分析者としては，分析対象が時々刻々と変化するなか，時間をかけて，火加減やソースを工夫する余裕はほとんどない。したがって本書も，一定の時間内に課題をまとめたプロジェクト型のアウトプットである。

本書は2018〜19年の在外研究の成果でもある。私事で恐縮であるが，2016年春に少し大きな手術を経験した。暖地でのリハビリを兼ねて，ワシントンDCと北京の中間に位置するハワイで両国関係を観察することにした。アジア研究者にとってハワイといえば，かつてはアジア太平洋地域の経済発展・経済協力の基礎研究を担うセンターのひとつであった。近年では経済研究はやや細分化されすぎたかの感があるが，米太平洋艦隊司令部のあるハワイは，米中関係が緊迫の度合いを増すなか，安全保障研究ではいまなお最前線に位置する。そのような研究環境が，本書にも若干影響を及ぼしているかもしれない。

本書の出版に際しては，まず在外研究をご支援いただいた専修大学とイーストウエスト・センター（EWC）に感謝したい。ホノルルでは研究から生活面までお世話になったハワイ大学のE.ハーウィット教授・博子夫妻，またラストベルトの実情をご教示いただいたEWCの同僚でオハイオ州ジョン・キャロル大学のM.マックアンドリュー准教授に感謝したい。本書は著者にとって久々の単著である。この機会に先に旅立った友人達，とくに加藤弘之，清水美和，上村幸治の各氏に本書を捧げたい。また厳しい出版環境のなかで，再度出版を引き受けていただいた勁草書房の宮本詳三氏には重ねて御礼申し上げたい。

一緒にハワイに滞在した大橋（刀根）卓代とは，フィールドワークの面白さを共有することができた。また大橋貴良とは，本書のデザインで思いもかけずコラボが実現した。家族の日々の支援に感謝したい。

2020年盛夏　コロナ禍の東京にて

大橋英夫

索　引

著者略歴

大橋英夫（おおはし・ひでお）

1956 年　京都市生まれ
1979 年　上智大学文学部新聞学科卒業
1984 年　筑波大学大学院社会科学研究科単位取得
三菱総合研究所研究員，在香港日本国総領事館専門調査員，日本国際問題研究所客員研究員等を経て
現　在　専修大学経済学部教授
専　攻　開発経済学・アジア経済
著　作　『米中経済摩擦』勁草書房，1998 年
『経済の国際化』名古屋大学出版会，2003 年
『現代中国経済論』岩波書店，2005 年など

チャイナ・ショックの経済学
米中貿易戦争の検証

2020 年 10 月 15 日　第 1 版第 1 刷発行

著　者　大　橋　英　夫
発行者　井　村　寿　人

発行所　株式会社　勁《けい》　草《そう》　書　房

112-0005 東京都文京区水道2-1-1　振替　00150-2-175253
（編集）電話 03-3815-5277／FAX 03-3814-6968
（営業）電話 03-3814-6861／FAX 03-3814-6854
大日本法令印刷・松岳社

ISBN978-4-326-50475-6　Printed in Japan

http://www.keisoshobo.co.jp